Philip Kiefer
Das große Ferien-Quizbuch

W0040487

cbj

DER AUTOR

Philip Kiefer, geboren 1973 in Friedrichs-
hafen am Bodensee, hat Literaturwissen-
schaften und Philosophie in Tübingen und
Oxford studiert. Nach seinem Magister-
abschluss arbeitete er kurzzeitig in einer
PR-Agentur in München, bevor er sich Ende
2001 als Autor selbstständig machte.
Unter anderem erstellte er Quizfragen für
Handy-Spiele (»Wer wird Millionär?«), be-
trieb ein eigenes Online-Magazin für Kinder
(»Riesenratz«) und veröffentlichte zahlreiche
Bücher in namhaften Verlagen.

Von Philip Kiefer ist bei cbj erschienen:

**»Da lachen selbst Piraten.
Die besten Kinderwitze«** (21924)

Philip Kiefer

Das große
Ferien-Quizbuch

Allgemeinwissen
für schlaue Köpfe

Mit Illustrationen
von Manfred Tophoren

cbj
ist der Kinder- und Jugendbuchverlag
in der Verlagsgruppe Random House

FSC
Mix
Produktgruppe aus vorbildlich
bewirtschafteten Wäldern und
anderen kontrollierten Herkünften

Zert.-Nr. SGS-COC-1940
www.fsc.org
© 1996 Forest Stewardship Council

Verlagsgruppe Random House FSC-DEU-0100
Das FSC-zertifizierte Papier für dieses Buch
München Super Extra liefert Arctic Paper
Mochenwangen GmbH.

1. Auflage
Originalausgabe Juli 2009
Gesetzt nach den Regeln der Rechtschreibreform
© cbj Verlag, München 2009
Alle Rechte vorbehalten
Umschlag- und Innenillustrationen:
Manfred Tophoven
Umschlaggestaltung: Basic-Book-Design,
Karl Müller-Bussdorf
MI · Herstellung: CZ
Satz: Uhl+Massopust, Aalen
Druck und Bindung: GGP Media GmbH, Pößneck
ISBN 978-3-570-22059-7
Printed in Germany

www.cbj-verlag.de

Inhalt

Reise um die Erde – Länder und Städte 7
Lösungen zu »Reise um die Erde –
Länder und Städte« 22

Kennst du den? – Genies und Helden 33
Lösungen zu »Kennst du den? –
Genies und Helden« 48

Raus in die Natur! – Pflanzen und Tiere 59
Lösungen zu »Raus in die Natur! –
Pflanzen und Tiere« 74

So isst die Welt – Essen und Trinken 85
Lösungen zu »So isst die Welt –
Essen und Trinken« 99

Superstar gesucht! – Filme und Musik 109
Lösungen zu »Superstar gesucht! –
Filme und Musik« 124

Überleben in der Wildnis – Survival und
Abenteuer **133**
Lösungen zu »Überleben in der Wildnis –
Survival und Abenteuer« **148**

Flotte Flitzer – Seefahrt und Verkehr **159**
Lösungen zu »Flotte Flitzer –
Seefahrt und Verkehr« **174**

Voll der Kick! – Sport und Freizeit **183**
Lösungen zu »Voll der Kick! –
Sport und Freizeit« **198**

Und wenn sie nicht gestorben sind… –
Märchen und Sagen **207**
Lösungen zu »Und wenn sie nicht gestorben sind…
– Märchen und Sagen« **222**

Gute Idee! – Erfindungen und
Entdeckungen **231**
Lösungen zu »Gute Idee! – Erfindungen und
Entdeckungen« **246**

Reise um die Erde –
Länder und Städte

1. Welches Land hat die größte Bevölkerung?
   a) Japan
   b) Russland
   c) China

2. Wie heißt die Hauptstadt von Großbritannien?
   a) London
   b) Westminster
   c) Kensington

3. Welches Wahrzeichen kannst du in Paris
   bewundern?
   a) Eiffelturm
   b) Kleine Meerjungfrau
   c) Taj Mahal

4. Zu welchem Land gehört Hawaii?
   a) Brasilien
   b) USA
   c) Mexiko

5. Welches ist die größte Insel der Erde?
   a) Madagaskar
   b) Borneo
   c) Grönland

6. In welcher Stadt findet man einen »Roten Platz«?
   a) Moskau
   b) Stockholm
   c) Madrid

7. Der Fluss Ganges fließt in …?
   a) Nepal
   b) Indien
   c) Thailand

8. Welche italienische Stadt wird »Lagunenstadt«
   genannt?
   a) Mailand
   b) Florenz
   c) Venedig

9. Hollywood ist ein Stadtteil der amerikanischen Stadt...?
   a) Los Angeles
   b) Boston
   c) Washington

10. Auf welchem Kontinent befindet sich das Land Elfenbeinküste?
    a) Australien
    b) Afrika
    c) Asien

11. In welchem Land findest du die weltberühmten Pyramiden von Gizeh?
    a) Marokko
    b) Tunesien
    c) Ägypten

12. Welches ist die Hauptstadt der Schweiz?
    a) Bern
    b) Berlin
    c) Wien

13. Zwischen welchen beiden Ländern liegt der »Ärmelkanal«?
    a) Russland und Finnland
    b) Spanien und Portugal
    c) Frankreich und Großbritannien

14. In welcher Stadt gibt es eine berühmte »Klagemauer«?
    a) Jerusalem
    b) Bagdad
    c) Peking

15. In welchem Gebirge befindet sich der höchste Berg der Welt, der Mount Everest?
    a) Anden
    b) Himalaya
    c) Rocky Mountains

16. Welches der folgenden Länder in Nordeuropa hat nur etwas mehr als 300 000 Einwohner?
    a) Island
    b) Norwegen
    c) Finnland

17. Wie heißen die Ureinwohner von Neuseeland?
    a) Irokesen
    b) Apachen
    c) Maori

18. Welches ist der längste Fluss in Europa?
    a) Rhein
    b) Themse
    c) Wolga

19. Wie lang ist die »Chinesische Mauer«?
    a) 225 km
    b) 1.833 km
    c) 6.350 km

20. Welche italienische Stadt ist für einen »schiefen Turm« berühmt?
    a) Pisa
    b) Parma
    c) Palermo

21. In welchem Land ist ein Auto angemeldet, welches das Nationalitätskennzeichen »H« trägt?
    a) Hongkong
    b) Ungarn
    c) Honduras

22. In welchem der folgenden Länder wird nicht mit dem Euro bezahlt?
    a) Griechenland
    b) Schweiz
    c) Spanien

23. In welchem Meer befindet sich die Insel Mallorca?
    a) Schwarzes Meer
    b) Rotes Meer
    c) Mittelmeer

24. Welches Land kann man in Südamerika bereisen?
    a) Peru
    b) Mali
    c) Togo

25. Welches ist der kleinste Staat der Erde?
    a) San Remo
    b) Liechtenstein
    c) Vatikanstadt

26. Wie heißt die Hauptstadt von Spanien?
    a) Barcelona
    b) Valencia
    c) Madrid

27. Zu den sogenannten Beneluxländern zählen die
    Niederlande, Luxemburg und...?
    a) Belgien
    b) Kroatien
    c) Dänemark

28. Welche beiden Länder haben keine gemeinsame
    Grenze?
    a) Italien und Österreich
    b) Deutschland und Spanien
    c) Norwegen und Schweden

29. Die größte Stadt der Schweiz ist ...?
    a) Zürich
    b) Genf
    c) Basel

30. In welchem Land bezahlt man mit »Rubel«?
    a) Indien
    b) Russland
    c) China

31. In welcher amerikanischen Stadt befindet sich das
    »Weiße Haus«?
    a) Washington
    b) New York
    c) San Francisco

32. Von welchem Land ist Helsinki die Hauptstadt?
    a) Albanien
    b) Portugal
    c) Finnland

33. Welches ist das größte Land der Erde?
   a) Kanada
   b) Russland
   c) Australien

34. Was ist der »Ätna«?
   a) Fluss
   b) Turm
   c) Vulkan

35. Wie heißt die größte Stadt in der Türkei?
   a) Istanbul
   b) Antalya
   c) Ankara

36. Wie heißt der höchste Berg in Deutschland?
   a) Matterhorn
   b) Zugspitze
   c) Großglockner

37. Welche der folgenden Inseln gehört nicht zu
    Italien?
    a) Elba
    b) Ischia
    c) Korsika

38. Ein 396 m hoher Felsen namens »Zuckerhut« ist
    das Wahrzeichen von …?
    a) Buenos Aires
    b) Santiago de Chile
    c) Rio de Janeiro

39. Wo findet man eine »Verbotene Stadt«?
    a) China
    b) Südafrika
    c) Mexiko

40. Durch welche europäische Hauptstadt fließt die
    Moldau?
    a) Warschau
    b) Budapest
    c) Prag

41. Wie heißt die Hauptstadt von Australien?
    a) Sydney
    b) Canberra
    c) Melbourne

42. In der italienischen Hauptstadt Rom befindet sich das fast 2000 Jahre alte »Kolosseum«. Es diente früher als ...?
    a) Königspalast
    b) Aufführungsstätte
    c) Marktplatz

43. Welchen Namen trägt die größte Trockenwüste der Erde?
    a) Sabine
    b) Sahara
    c) Sandra

44. Wobei handelt es sich um eine französische Stadt?
    a) Nizza
    b) Turin
    c) Genua

18

45. Schottland gehört zu…?

   a) Skandinavien

   b) den Vereinigten Staaten von Amerika

   c) Großbritannien

46. Welche deutsche Großstadt liegt am Rhein?

   a) Hamburg

   b) München

   c) Köln

47. In der Flagge welches Landes ist ein Ahornblatt abgebildet?

   a) Kanada

   b) Griechenland

   c) Schweden

48. Das »Kap der Guten Hoffnung« ist ein Kap im Süden von…?

   a) Asien

   b) Afrika

   c) Amerika

19

49. Wo in Europa leben die »Samen«?
   a) Südeuropa
   b) Nordeuropa
   c) Mitteleuropa

50. Wo ist ein Auto angemeldet, welches das Nationalitätskennzeichen »FL« trägt?
   a) Frankreich
   b) Finnland
   c) Liechtenstein

51. Welches Land wird manchmal als »Land der
   aufgehenden Sonne« bezeichnet?
   a) Japan
   b) Mongolei
   c) Indonesien

52. Welches ist der größte Ozean der Erde?
   a) Indischer Ozean
   b) Atlantischer Ozean
   c) Pazifischer Ozean

53. Welchen Dom kannst du in Wien besichtigen?
   a) Petersdom
   b) Stephansdom
   c) Markusdom

54. Die »Toskana« ist eine Region in ...?
   a) Italien
   b) Frankreich
   c) Spanien

55. Welcher Fluss fließt durch die französische
   Hauptstadt Paris?
   a) Seine
   b) Ihre
   c) Eure

Lösungen zu »Reise um die Erde – Länder und Städte«

1. Antwort c) ist richtig. China hat rund 1,3 Milliarden Einwohner – etwa 16-mal so viele wie Deutschland!

2. Antwort a) ist richtig. London ist die Hauptstadt Großbritanniens; Westminster und Kensington sind Stadtteile von London.

3. Antwort a) ist richtig. Der 300 Meter hohe Eiffelturm wurde zwischen 1887 und 1889 von seinem Namensgeber Gustave Eiffel erbaut. Bis 1930 war er das höchste Gebäude der Welt.

4. Antwort b) ist richtig. Hawaii ist seit dem Jahr 1959 ein Bundesstaat der USA – der Vereinigten Staaten von Amerika.

5. Antwort c) ist richtig. Grönland ist mit mehr als

zwei Millionen Quadratkilometern Fläche die mit Abstand größte Insel der Erde, hat aber nur etwa 60 000 Einwohner.

6. Antwort a) ist richtig. Der »Rote Platz« ist der berühmteste Platz in der russischen Hauptstadt Moskau.

7. Antwort b) ist richtig. Der 2.511 km lange Fluss Ganges fließt in Indien. In der Religion des Hinduismus gilt er als heiliger Fluss und Personifizierung der Göttin Ganga.

8. Antwort c) ist richtig. Die italienische Stadt Venedig wurde auf 117 Inseln in einer Lagune des Mittelmeers aufgebaut.

9. Antwort a) ist richtig. Hollywood ist ein Stadtteil von Los Angeles und ein berühmtes Zentrum der Filmindustrie.

10. Antwort b) ist richtig. Elfenbeinküste ist ein westafrikanisches Land mit rund 19 Millionen Einwohnern.

11. Antwort c) ist richtig. Die Pyramiden von Gizeh befinden sich nahe der Stadt Gizeh in Ägypten. Sie zählen zu den ältesten noch erhaltenen Bauwerken der Menschheit.

12. Antwort a) ist richtig. Bern ist die Hauptstadt der Schweiz, wird dort allerdings »Bundesstadt« genannt. Berlin ist die Hauptstadt Deutschlands, Wien die Hauptstadt von Österreich.

13. Antwort c) ist richtig. Der Ärmelkanal liegt zwischen Frankreich und Großbritannien. Er verbindet den Atlantischen Ozean mit der Nordsee.

14. Antwort a) ist richtig. Die Klagemauer ist eine berühmte religiöse Stätte des Judentums in der israelischen Hauptstadt Jerusalem.

15. Antwort b) ist richtig. Der 8.848 m hohe Mount Everest befindet sich im Himalaya-Gebirge in Asien.

16. Antwort a) ist richtig. Island hat nur eine geringe Bevölkerung, während die flächenmäßig ca. dreimal

so großen Länder Finnland und Norwegen jeweils rund fünf Millionen Einwohner haben.

17. Antwort c) ist richtig. Irokesen und Apachen sind Ureinwohner Nordamerikas (»Indianer«).

18. Antwort c) ist richtig. Die Wolga ist mit 3.534 km Länge der längste und gleichzeitig auch der wasserreichste europäische Fluss.

19. Antwort c) ist richtig. Die Chinesische Mauer ist 6.350 km lang – es ist die längste Mauer der Welt. Sie wurde von den Chinesen zum Schutz gegen feindliche Reitervölker errichtet.

20. Antwort a) ist richtig. Der Schiefe Turm von Pisa, mit dessen Erstellung bereits im Jahr 1173 begonnen wurde, zählt zu den bekanntesten Bauwerken der Welt.

21. Antwort b) ist richtig. Das Nationalitätskennzeichen »H« für Ungarn wird von der lateinischen Bezeichnung »Hungaria« hergeleitet.

22. Antwort b) ist richtig. Währung der Schweiz ist der Schweizer Franken.

23. Antwort c) ist richtig. Die zu Spanien gehörende Urlaubsinsel Mallorca liegt im Mittelmeer.

24. Antwort a) ist richtig. Peru ist ein südamerikanisches Land, während sich die Länder Mali und Togo in Afrika befinden.

25. Antwort c) ist richtig. Die Vatikanstadt, deren Oberhaupt der Papst ist, hat eine Fläche von lediglich 0,44 Quadratkilometern und befindet sich innerhalb der italienischen Hauptstadt Rom.

26. Antwort c) ist richtig. Die Hauptstadt Spaniens ist Madrid. Dort leben mehr als drei Millionen Menschen.

27. Antwort a) ist richtig. Zu den Beneluxländern zählen Belgien (Be-), die Niederlande (-ne-) und Luxemburg (-lux).

28. Antwort b) ist richtig. Deutschland und Spanien haben keine gemeinsame Grenze – Frankreich liegt dazwischen.

29. Antwort a) ist richtig. Mit Abstand größte Stadt der Schweiz ist Zürich mit 374.000 Einwohnern, gefolgt von Genf mit 185.000 und Basel mit 166.000 Einwohnern.

30. Antwort b) ist richtig. Mit dem Rubel wird in Russland bezahlt. Ein Rubel entspricht 100 Kopeken.

31. Antwort a) ist richtig. Das Weiße Haus, der Amtssitz des Präsidenten der USA, befindet sich in der amerikanischen Hauptstadt Washington.

32. Antwort c) ist richtig. Helsinki ist die Hauptstadt von Finnland. Die Stadt liegt an der Küste des Finnischen Meerbusens.

33. Antwort b) ist richtig. Russland ist mit mehr als 17 Millionen Quadratkilometern das größte Land der Erde – es ist fast 50-mal größer als Deutschland.

34. Antwort c) ist richtig. Der Ätna ist der höchste Vulkan in ganz Europa. Er ist noch aktiv und kann auf der italienischen Insel Sizilien bestaunt werden.

35. Antwort a) ist richtig. Istanbul ist mit rund zehn Millionen Einwohnern die mit Abstand größte Stadt der Türkei. Istanbul erstreckt sich über zwei Kontinente, nämlich Europa und Asien.

36. Antwort b) ist richtig. Die Zugspitze ist mit 2.962 m Höhe der höchste Berg Deutschlands. Der Großglockner ist der höchste Berg Österreichs, das Matterhorn ein berühmter Berg in der Schweiz.

37. Antwort c) ist richtig. Elba und Ischia sind italienische Inseln, Korsika gehört hingegen zu Frankreich.

38. Antwort c) ist richtig. Der Zuckerhut ist ein Wahrzeichen der brasilianischen Großstadt Rio de Janeiro, die für ihre Karnevalsfeiern berühmt ist.

39. Antwort a) ist richtig. Die Verbotene Stadt befindet sich inmitten der chinesischen Hauptstadt Peking. Sie war früher Sitz der Kaiser von China.

40. Antwort c) ist richtig. Die Moldau fließt durch Prag. Warschau liegt an der Weichsel, Budapest an der Donau.

41. Antwort b) ist richtig. Die australische Hauptstadt ist Canberra. Sydney und Melbourne sind jedoch die beiden mit Abstand größten Städte des Landes.

42. Antwort b) ist richtig. Im Kolosseum veranstalteten die alten Römer Theateraufführungen, aber beispielsweise auch Gladiatorenkämpfe.

43. Antwort b) ist richtig. Es ist die Wüste Sahara. Sie befindet sich im Norden von Afrika. Die Sahara ist ungefähr 26-mal so groß wie Deutschland.

44. Antwort a) ist richtig. Nizza ist eine südfranzösische Hafenstadt, nicht weit von der Grenze zu Italien entfernt.

45. Antwort c) ist richtig. Bereits seit dem Jahr 1707 gehört Schottland zum Königreich Großbritannien.

46. Antwort c) ist richtig. Köln, die mit rund einer Million Einwohnern viertgrößte Stadt Deutschlands, liegt am Rhein.

47. Antwort a) ist richtig. Die kanadische Flagge, die im Jahr 1965 erstmals gehisst wurde, bezeichnet man deshalb auch als »Ahornblattflagge« (englisch: »Maple Leaf Flag«).

48. Antwort b) ist richtig. Das Kap der Guten Hoffnung befindet sich an der Südspitze von Afrika. Wegen seiner gefährlichen Klippen war es von Seefahrern früher sehr gefürchtet.

49. Antwort b) ist richtig. Die Samen leben in Lappland in Nordeuropa. Früher nannte man sie »Lappen«, jedoch ist das ein abwertender Begriff, der heute nicht mehr gebraucht werden sollte.

50. Antwort c) ist richtig. Das Nationalitätskennzeichen »FL« steht für »Fürstentum Liechtenstein« –

das ist ein kleiner Staat mit nur rund 35.000 Einwohnern.

51. Antwort a) ist richtig. »Land der aufgehenden Sonne« ist eine andere Bezeichnung für Japan. Die japanische Flagge zeigt übrigens einen roten Kreis auf weißem Hintergrund, was ein wenig an einen Sonnenaufgang erinnert.

52. Antwort c) ist richtig. Größter Ozean der Erde ist der Pazifische Ozean. Er bedeckt mehr als ein Drittel der Erdoberfläche.

53. Antwort b) ist richtig. Der Stephansdom steht in Wien. Er wurde bereits im Mittelalter erbaut.

54. Antwort a) ist richtig. Die Toskana ist eine Region in Italien. Wegen ihrer schönen Landschaft und interessanter Städte wie etwa Florenz lockt sie viele Urlauber an.

55. Antwort a) ist richtig. Es ist die Seine – der mit 776 km Länge drittlängste Fluss Frankreichs.

Kennst du den? –
Genies und Helden

1. Wer krönte sich selbst zum Kaiser?
   a) Julius Caesar
   b) Karl der Große
   c) Napoléon Bonaparte

2. Welche Wissenschaftlerin erhielt zwei Nobel-
   preise?
   a) Marie Curie
   b) Curry Wurst
   c) Curry Reis

3. Wer war der erste Präsident der Vereinigten
   Staaten von Amerika?
   a) Abraham Lincoln
   b) John F. Kennedy
   c) George Washington

4. Ein berühmter China-Reisender des Mittelalters
   hieß ...?
   a) Franco Golf
   b) Marco Polo
   c) Luigi Passat

34

5. In welcher deutschen Stadt wurde Albert Einstein
   geboren?
   a) Neuss
   b) Leipzig
   c) Ulm

6. Welche Kaiserin wurde »Sissi« genannt?
   a) Elisabeth
   b) Maria Theresia
   c) Zita

7. Welches Land führte Mahatma Gandhi in die
   Unabhängigkeit?
   a) Algerien
   b) Indien
   c) Irland

8. Welchen Namen trägt der deutsche Papst, der am
   19. April 2005 gewählt wurde?
   a) Benedikt XVI.
   b) Hadrian VI.
   c) Damasus II.

9. Welchen »Spitznamen« trug der deutsche Politiker Otto von Bismarck?
   a) Eiserner Heinrich
   b) Eiserner Gustav
   c) Eiserner Kanzler

10. In welchem Jahr wurde das Indianermädchen Pocahontas geboren?
    a) 1595
    b) 1753
    c) 1869

11. Die Britin Florence Nightingale wurde berühmt als …?
    a) Wissenschaftlerin
    b) Krankenschwester
    c) Schauspielerin

12. Ein weltberühmtes Universalgenie hieß Leonardo da …?
    a) Messina
    b) Vinci
    c) Ravenna

13. Wer gilt als der Entdecker Amerikas?
    a) James Cook
    b) Francis Drake
    c) Christoph Kolumbus

14. Wilhelm Conrad Röntgen erhielt im Jahr 1901 den ersten Nobelpreis für ...?
    a) Chemie
    b) Physik
    c) Medizin

15. Wo wurde im Jahr 1483 Martin Luther geboren?
    a) Schneegestöber
    b) Regentonne
    c) Eisleben

16. Welche Königin regierte über 63 Jahre lang in Großbritannien?
    a) Victoria
    b) Elisabeth I.
    c) Elisabeth II.

17. Alexander der Große machte sich in der Antike einen Namen als...?
a) Maler
b) Arzt
c) Feldherr

18. Wie wurde der französische König Ludwig XIV. genannt?
a) Sonnenkönig
b) Schneekönig
c) Walzerkönig

19. Das jüdische Mädchen Anne Frank wurde berühmt durch ihr...?
a) Kochbuch
b) Tagebuch
c) Gebetbuch

20. Gegenspieler der legendären Gestalt »Robin Hood« ist der Sheriff von...?
a) Nottingham
b) Ipswich
c) Liverpool

21. Welchen Naturwissenschaftler gab es wirklich?
    a) Filistro Fantasei
    b) Galileo Galilei
    c) Solemi Solatido

22. Welcher preußische König erhielt den Beinamen
    »Alter Fritz«?
    a) Friedrich Wilhelm I.
    b) Friedrich Wilhelm II.
    c) Friedrich der Große

23. In welchem Jahr schuf Walt Disney die Figur
    »Micky Maus«?
    a) 1899
    b) 1927
    c) 1963

24. Der Deutsche Adam Ries war ein bedeutender …?
    a) Rechenmeister
    b) Baumeister
    c) Fechtmeister

25. Von welchem Philosophen stammt der Ausspruch: »Ich weiß, dass ich nichts weiß«?
    a) Friedrich Nietzsche
    b) Sokrates
    c) Jean-Paul Sartre

26. Welchen Ozean überflog die Amerikanerin Amelia Earhart als erste Frau?
    a) den Pazifischen Ozean
    b) den Indischen Ozean
    c) den Atlantischen Ozean

27. Aage Niels und sein Vater Niels erhielten beide den Nobelpreis für Physik. Welchen Nachnamen trugen die zwei Dänen?
    a) Bohr
    b) Hämmer
    c) Schraub

28. Der bayerische Priester Sebastian Kneipp wurde weltberühmt durch seine ...?
    a) Wasserkur
    b) Kriminalromane
    c) Rosenzüchtungen

29. Welcher bayerische König wurde »Märchenkönig«
    genannt?
    a) Ludwig II.
    b) Otto I.
    c) Maximilian II.

30. Wer wurde im November 2008 zum ersten Präsi-
    denten der USA mit schwarzer Hautfarbe gewählt?
    a) Ehud Barak
    b) Barack Obama
    c) Muhammad Mubarak

31. Welche der folgenden Personen gründete ein
    Urwaldkrankenhaus in Afrika?
    a) Drafi Deutscher
    b) Rudolf Österreicher
    c) Albert Schweitzer

32. Ein berühmter deutscher Philosoph hieß
    Immanuel ...?
    a) Kant
    b) Grenz
    c) Eck

33. Gleichzeitig französische Nationalheldin und katholische Heilige ist…?
a) Carla Bruni
b) Jeanne d'Arc
c) Madame de Pompadour

34. Mit welcher ägyptischen Herrscherin hatte Julius Caesar ein Verhältnis?
a) Kleopatra
b) Hatschepsut
c) Nofretete

35. Ein bekannter österreichischer Psychiater hieß Sigmund…?
a) Spaß
b) Fun
c) Freud

36. In welchem Jahr wurde Karl der Große zum Kaiser gekrönt?
a) 800
b) 1200
c) 1600

37. Wie hieß der berühmte Indianerhäuptling Geronimo eigentlich?
    a) Hiawatha
    b) Madockawando
    c) Gokhlayeh

38. Die Kernphysikerin Lise Meitner arbeitete zusammen mit Otto …?
    a) Gockel
    b) Küken
    c) Hahn

39. Platon war ein berühmter Philosoph im alten …?
    a) Griechenland
    b) Ägypten
    c) Rom

40. Wer war eine berühmte Mathematikerin der Antike?
    a) Thalia von Milet
    b) Archimedia von Syrakus
    c) Hypatia von Alexandria

41. Welches Musical erzählt das Leben der argentinischen Präsidentengemahlin Eva Perón?
a) Evita
b) West Side Story
c) Hair

42. Wallenstein war ein berühmter Feldherr im ...?
a) Siebenjährigen Krieg
b) Dreißigjährigen Krieg
c) Hundertjährigen Krieg

43. Was soll der legendäre Schweizer Freiheitskämpfer Wilhelm Tell seinem Sohn vom Kopf geschossen haben?
a) Apfel
b) Orange
c) Ei

44. Wer wurde im Jahr 2005 zum ersten weiblichen Bundeskanzler Deutschlands gewählt?
a) Ulla Schmidt
b) Renate Künast
c) Angela Merkel

45. Wie hieß das deutsche Universalgenie Goethe mit
    Vornamen
    a) Johann Wolfgang
    b) Friedrich Ludwig
    c) Herbert Paul

46. Wer war eine bekannte Wild-West-Heldin?
    a) Buffalo Birgit
    b) Calamity Jane
    c) Jessica James

47. Der berühmteste Arzt der Antike war ...?
    a) Pythagoras
    b) Hippokrates
    c) Parmenides

48. Nahe welchem Ort hatte Bernadette Soubirous im
    Jahr 1858 Marienerscheinungen?
    a) La Salette
    b) Fátima
    c) Lourdes

49. In welchem Land kämpfte Nelson Mandela gegen die Rassentrennung?
    a) Südafrika
    b) USA
    c) Australien

50. In welcher deutschen Stadt wurde der Philosoph Karl Marx geboren?
    a) Erfurt
    b) Bremen
    c) Trier

51. Wer setzte als erster Mensch einen Fuß auf den Mond?
    a) Juri Gagarin
    b) Neil Armstrong
    c) Ulf Merbold

52. Die berühmten Geschwister Scholl waren Mitglieder in der Widerstandsorganisation…?
    a) Weiße Tulpe
    b) Weiße Rose
    c) Weiße Nelke

53. Der Indianerhäuptling »Sitting Bull« war ein Ange-
höriger der ...?
a) Sioux
b) Apachen
c) Cheyenne

54. Welcher amerikanische Präsident setzte sich für
die Abschaffung der Sklaverei ein?
a) Thomas Jefferson
b) George Washington
c) Abraham Lincoln

55. Welchen Nobelpreis erhielt die Baronin Bertha von
Suttner im Jahr 1905?
a) Literaturnobelpreis
b) Physiknobelpreis
c) Friedensnobelpreis

Lösungen zu »Kennst du den? – Genies und Helden«

1. **Antwort c)** ist richtig. Der französische General und Staatsmann Napoléon Bonaparte, der von 1769–1821 lebte, krönte sich im Jahr 1804 selbst zum Kaiser Napoléon I.

2. **Antwort a)** ist richtig. Die in Polen geborene Wissenschaftlerin Marie Curie erhielt 1903 den Nobelpreis für Physik, 1911 den Nobelpreis für Chemie.

3. **Antwort c)** ist richtig. Erster Präsident der USA – und zwar von 1789–1797 – war George Washington.

4. **Antwort b)** ist richtig. Marco Polo war ein venezianischer Händler, der von ca. 1254–1324 lebte.

5. **Antwort c)** ist richtig. Albert Einstein wurde am 14. März 1879 in Ulm geboren. Er war einer der berühmtesten Physiker der Geschichte.

6. Antwort a) ist richtig. Elisabeth war Prinzessin in Bayern. Im Jahr 1854 heiratete sie den österreichischen Kaiser Franz Joseph I. und wurde zur Kaiserin Sissi.

7. Antwort b) ist richtig. Mit seinem Konzept des gewaltfreien Widerstandes läutete Mahatma Gandhi das Ende der langjährigen Herrschaft Großbritanniens über Indien ein.

8. Antwort a) ist richtig. Aus dem 1927 im bayerischen Marktl geborenen Joseph Ratzinger wurde 2005 der Papst Benedikt XVI. (sprich: »Papst Benedikt der Sechzehnte«).

9. Antwort c) ist richtig. Otto von Bismarck war in den Jahren 1871–1890 deutscher Reichskanzler.

10. Antwort a) ist richtig. Pocahontas, die Tochter eines Indianerhäuptlings, lebte von 1595–1617.

11. Antwort b) ist richtig. Florence Nightingale wurde im 19. Jahrhundert durch ihren Einsatz als Krankenschwester im Krimkrieg berühmt.

49

12. Antwort b) ist richtig. Leonardo da Vinci lebte von 1452–1519 und war eines der größten Universalgenies der Geschichte. Er malte, erfand, philosophierte und machte noch so einiges mehr.

13. Antwort c) ist richtig. Als Entdecker Amerikas gilt Christoph Kolumbus, der von 1451–1506 lebte. Amerika wurde jedoch bereits rund 500 Jahre zuvor von isländischen Seefahrern entdeckt.

14. Antwort b) ist richtig. Der Deutsche Wilhelm Conrad Röntgen erhielt 1901 den Nobelpreis für Physik. Im Jahr 1895 entdeckte er die nach ihm benannten Röntgenstrahlen.

15. Antwort c) ist richtig. Der berühmte Kirchenkritiker und Reformator Martin Luther wurde in Eisleben geboren, das ist ein Ort in Sachsen-Anhalt.

16. Antwort a) ist richtig. Königin Victoria lebte von 1819–1901. Von 1837 bis zu ihrem Tod war sie die britische Königin.

17. Antwort c) ist richtig. Alexander der Große war ein mazedonischer König, der als Feldherr unter anderem Persien und Ägypten eroberte.

18. Antwort a) ist richtig. König Ludwig der XIV. (sprich: »König Ludwig der Vierzehnte«) wurde Sonnenkönig genannt. Er lebte von 1638–1715.

19. Antwort b) ist richtig. Anne Frank musste sich mit ihrer Familie vor den Nazis verstecken. In einem Amsterdamer Hinterhaus entstand das weltberühmte Tagebuch der Anne Frank.

20. Antwort a) ist richtig. Der Legende nach soll Robin Hood im Sherwood Forest, nördlich der Stadt Nottingham gelegen, sein Unwesen getrieben haben.

21. Antwort b) ist richtig. Galileo Galilei lebte von 1564–1642 in Italien. Er war ein berühmter Physiker, Astronom und Mathematiker.

22. Antwort c) ist richtig. »Alter Fritz« war der Beiname von Friedrich dem Großen, der von 1712–1786 lebte. Er führte in seinem Land unter anderem

den Kartoffelanbau ein und verhinderte dadurch Hungersnöte.

23. Antwort b) ist richtig. Die Micky Maus geht auf das Jahr 1927 zurück, 1928 wurde sie der Öffentlichkeit vorgestellt.

24. Antwort a) ist richtig. Adam Ries war ein deutscher Rechenmeister, der von 1492–1559 lebte. Noch heute verwendet man die Redewendung »nach Adam Riese«.

25. Antwort b) ist richtig. Der Ausspruch stammt vom griechischen Philosophen Sokrates, der von 469–399 vor Christus lebte. Am liebsten philosophierte er auf dem belebten Marktplatz von Athen.

26. Antwort c) ist richtig. Sie überflog 1928 als erste Frau den Atlantischen Ozean zwischen Amerika und Europa.

27. Antwort a) ist richtig. Niels Bohr erhielt den Nobelpreis für Physik im Jahr 1922, Aage Niels Bohr im Jahr 1975.

28. Antwort a) ist richtig. Sebastian Kneipp, der von 1821–1897 lebte und in Bad Wörishofen wirkte, wird manchmal auch »Wasserdoktor« genannt.

29. Antwort a) ist richtig. König Ludwig II. (sprich: »König Ludwig der Zweite«) ließ unter anderem das »Märchenschloss« Neuschwanstein erbauen.

30. Antwort b) ist richtig. Barack Obama wurde 1961 in Honolulu auf Hawaii geboren und 2008 zum ersten afroamerikanischen Präsidenten der Vereinigten Staaten von Amerika gewählt.

31. Antwort c) ist richtig. Albert Schweitzer – übrigens ein Deutscher – gründete 1913 ein Urwaldkrankenhaus in der Stadt Lambaréné im afrikanischen Land Gabun.

32. Antwort a) ist richtig. Der Königsberger Philosoph Immanuel Kant lebte von 1724–1804 und schuf unter anderem das Werk »Kritik der reinen Vernunft«.

33. Antwort b) ist richtig. Jeanne d'Arc, auch als »Jungfrau von Orléans« bekannt, soll im Hundert-

jährigen Krieg die französischen Truppen gegen die englische Armee angeführt haben.

34. Antwort a) ist richtig. Kleopatra VII. (sprich: »Kleopatra die Siebte«) war die Geliebte sowohl von Julius Caesar als auch des römischen Feldherrn Marcus Antonius.

35. Antwort c) ist richtig. Sigmund Freud lebte von 1856–1939. Er gilt als Begründer der »Psychoanalyse«.

36. Antwort a) ist richtig. Karl der Große (747–814) wurde am 25. Dezember 800 zum Kaiser gekrönt. Er entstammte dem Geschlecht der Karolinger.

37. Antwort c) ist richtig. Der richtige Name des Apachen-Häuptlings Geronimo war Gokhlayeh, was bedeutet: »Einer, der gähnt«. Er lebte von 1829–1909.

38. Antwort c) ist richtig. Die österreichisch-schwedische Kernphysikerin Lise Meitner arbeitete mit dem deutschen Wissenschaftler Otto Hahn zusammen.

39. Antwort a) ist richtig. Platon lebte vor rund 2.400 Jahren in Griechenland. Er war Schüler des berühmten Philosophen Sokrates und Lehrer des ebenfalls berühmten Philosophen Aristoteles.

40. Antwort c) ist richtig. Thales von Milet und Archimedes von Syrakus waren männliche Mathematiker.

41. Antwort a) ist richtig. Eva Perón, die von 1919–1952 lebte, wurde Evita genannt. Das gleichnamige Musical wurde von Andrew Lloyd Webber komponiert.

42. Antwort b) ist richtig. Albrecht Wenzel Eusebius von Waldstein, genannt Wallenstein, war ein Feldherr im Dreißigjährigen Krieg. Er lebte von 1583–1634.

43. Antwort a) ist richtig. Wilhelm Tell war aber nicht der Erste, der seinem Sohn einen Apfel vom Kopf schoss. In alten nordischen Sagen kommt der »Apfelschuss« ebenfalls vor.

44. Antwort c) ist richtig. Erste deutsche Bundeskanzlerin wurde im Jahr 2005 die gebürtige Hamburgerin Angela Dorothea Merkel.

45. Antwort a) ist richtig. Johann Wolfgang Goethe lebte von 1749–1832. Er war nicht nur ein bedeutender Dichter, sondern gleichzeitig auch Wissenschaftler und Staatsmann.

46. Antwort b) ist richtig. Calamity Jane hieß eigentlich Martha Jane Cannary Burke. Sie lebte von 1852–1903.

47. Antwort b) ist richtig. Der berühmteste Arzt der Antike war Hippokrates von Kos. Nach ihm ist der »Eid des Hippokrates« benannt, nach dem sich Ärzte auch heute noch richten.

48. Antwort c) ist richtig. Die 14-jährige Bernadette Soubirous hatte ihre erste Marienerscheinung beim Holzsammeln. Lourdes ist seitdem eine berühmte Pilgerstätte.

49. Antwort a) ist richtig. Nelson Mandela kämpfte in Südafrika gegen die Rassentrennung (»Apartheid«). 27 Jahre lang war er dafür als politischer Gefangener in Haft.

50. Antwort c) ist richtig. Karl Marx wurde im Jahr 1818 in Trier geboren. Seine Ideen hatten großen Einfluss auf die politischen Entwicklungen im 19. und 20. Jahrhundert.

51. Antwort b) ist richtig. Als Neil Armstrong 1969 den Mond betrat, sagte er: »Das ist ein kleiner Schritt für einen Menschen, aber ein großer Sprung für die Menschheit.«

52. Antwort b) ist richtig. Die Geschwister Scholl setzten sich in der Widerstandsorganisation »Weiße Rose« gegen die Gewaltherrschaft der Nazis ein.

53. Antwort a) ist richtig. Sitting Bull, der von 1831–1890 lebte, war Häuptling und Medizinmann der Hunkpapa-Lakota-Sioux.

54. Antwort c) ist richtig. Abraham Lincoln lebte von 1809–1865. In seiner Amtszeit als amerikanischer Präsident setzte er sich für die Sklavenbefreiung ein.

55. Antwort c) ist richtig. Bertha von Suttner war eine wichtige Figur der Friedensbewegung. Zu ihren Lebzeiten war sie eine der berühmtesten Frauen weltweit.

Raus in die Natur! – Pflanzen und Tiere

1. Wobei handelt es sich um einen Nadelbaum?
   a) Ulme
   b) Lärche
   c) Linde

2. Der »Maulesel« ist eine Kreuzung aus Esel und …?
   a) Kuh
   b) Ziege
   c) Pferd

3. Auf welchem Kontinent hat der Tiger seine Heimat?
   a) Asien
   b) Amerika
   c) Afrika

4. Wie hoch kann eine Sonnenblume der Sorte »King Kong« wachsen?
   a) 1 m
   b) 4 m
   c) 11 m

5. Männchen, die den Nachwuchs gebären – das gibt es bei den...?
   a) Fledermäusen
   b) Steinböcken
   c) Seepferdchen

6. Aus welchem Teil des Kakaobaumes wird Kakao gewonnen?
   a) Samen
   b) Wurzel
   c) Blätter

7. Wie nennt man es, wenn Vögel ihr Gefieder wechseln?
   a) Balz
   b) Mauser
   c) Brut

8. Welches Tier lebt in einem »Kobel«?
   a) Eichhörnchen
   b) Dachs
   c) Biber

9. Bei welchem Tier handelt es sich um eine Kamel-Art?
   a) Lama
   b) Flusspferd
   c) Giraffe

10. Welcher Baum wird auch »Blaugummibaum« genannt?
    a) Gingko
    b) Birke
    c) Eukalyptus

11. Welche Pflanze gehört zur Familie der Rosengewächse?
    a) Himbeere
    b) Löwenzahn
    c) Zwiebel

12. In welchem Land werden rund vier Fünftel aller Tulpen weltweit »produziert«?
    a) China
    b) Niederlande
    c) Italien

13. Wie werden männliche Honigbienen genannt?
    a) Drohne
    b) Wespe
    c) Hornisse

14. Frei lebende Eisbären findet man ausschließlich
    rund um den ...?
    a) Äquator
    b) Südpol
    c) Nordpol

15. Wobei handelt es sich nicht um eine Schlange?
    a) Klapperschlange
    b) Blindschleiche
    c) Kreuzotter

16. Wie werden Minibäume aus Asien genannt?
    a) Origami
    b) Ikebana
    c) Bonsai

17. Aus welchem Land stammt der Mais ursprünglich?
    a) Australien
    b) Mexiko
    c) Russland

18. Wie viele Arme hat ein Krake?
    a) zwei
    b) fünf
    c) acht

19. Wobei handelt es sich nicht um einen Fisch?
    a) Delfin
    b) Hai
    c) Seekatze

20. Unter welchem Namen ist das »Maßliebchen«
    besser bekannt?
    a) Gänseblümchen
    b) Fliegenpilz
    c) Stinkmorchel

21. Wobei handelt es sich um ein zirpendes Insekt?
    a) Backe
    b) Grille
    c) Brate

22. Welches ist das schnellste Landtier?
    a) Gepard
    b) Zebra
    c) Giraffe

23. Welcher Igel wird am größten?
    a) Weißbauchzwergigel
    b) Braunbrustigel
    c) Großer Rattenigel

24. Wobei handelt es sich um eine »Kletterpflanze«?
    a) Farn
    b) Moos
    c) Efeu

25. Mit mehr als 115 m Höhe ist der Baum »Hype-
    rion« der höchste Baum der Welt. Es handelt sich
    um einen ...?
    a) Mammutbaum
    b) Kastanienbaum
    c) Balsabaum

26. Wie heißen die Larven von Fröschen und Kröten?
    a) Froschlurche
    b) Kaulquappen
    c) Amphibien

27. Welches ist der größte Singvogel der Welt?
    a) Zaunkönig
    b) Kolkrabe
    c) Grasmücke

28. Wie nennt man männliche Hunde?
    a) Hengst
    b) Eber
    c) Rüde

29. Wobei handelt es sich um eine Fleisch fressende Pflanze?
    a) Sonnentau
    b) Sonnenseil
    c) Sonnenfaden

30. Welche Blumen schenken sich Liebende besonders häufig?
    a) Gelbe Tulpen
    b) Rote Rosen
    c) Weiße Nelken

31. Wobei handelt es sich um einen Greifvogel?
    a) Drossel
    b) Milan
    c) Pirol

32. Welchen Baum gibt es wirklich?
    a) Affenbrotbaum
    b) Löwennudelbaum
    c) Elefantenkartoffelbaum

33. Welche Früchte trägt die Rotbuche?
   a) Haselnuss
   b) Buchecker
   c) Walnuss

34. Welches Tier hält Winterschlaf?
   a) Waschbär
   b) Eichhörnchen
   c) Murmeltier

35. Welches ist das größte Tier der Erde?
   a) Sägehai
   b) Blauwal
   c) Spitzmaulnashorn

36. Was für ein Tier ist die Auster?
   a) Muschel
   b) Echse
   c) Vogel

68

37. Welches der folgenden Tiere ist für seine Damm-
    bauten bekannt?
    a) Biber
    b) Otter
    c) Dachs

38. Wobei handelt es sich um ein der Ameise ähn-
    liches, aber nicht mit dieser verwandtes Insekt?
    a) Terrine
    b) Termite
    c) Terpentine

39. Was schätzt du: Wie alt ist der älteste noch
    lebende Baum dieser Erde?
    a) 100 Jahre
    b) 900 Jahre
    c) 4.800 Jahre

40. Welche Katze lebt zusammen mit Artgenossen
    in einem Rudel?
    a) Leopard
    b) Luchs
    c) Löwe

41. Als »Frischlinge« bezeichnet man frisch geborene ...?
a) Wildschweine
b) Füchse
c) Rehe

42. Woher stammt die Wassermelone ursprünglich?
a) Europa
b) Afrika
c) Australien

43. Wild lebende Pferde in Amerika nennt man ...?
a) Rodeo
b) Lasso
c) Mustang

44. Welches Tier kann »schnurren«?
a) Katze
b) Papagei
c) Goldhamster

45. Wobei handelt es sich nicht um einen Menschen-
    affen?
    a) Gorilla
    b) Pavian
    c) Schimpanse

46. Wie lautet eine andere Bezeichnung für die Mohn-
    blume?
    a) Klatschmohn
    b) Bravowegerich
    c) Applauslattich

47. Welches Tier ernährt sich hauptsächlich von
    Bambus?
    a) Pandabär
    b) Ameisenbär
    c) Koalabär

48. Wie wird die Südasiatische Kobra noch genannt?
    a) Gebissschlange
    b) Brillenschlange
    c) Stützstrumpfschlange

49. Vorsicht bei Pilzen! Besonders giftig ist der ...?
    a) Knollenblätterpilz
    b) Steinpilz
    c) Pfifferling

50. Welche Frucht wächst auf einer Palme?
    a) Banane
    b) Kokosnuss
    c) Orange

51. Was für ein Tier ist der »Lachende Hans«?
    a) Insekt
    b) Echse
    c) Vogel

52. Wovon ernähren sich Schmetterlinge?
    a) Blütennektar
    b) Baumrinde
    c) Tonerde

53. Welcher Hund hat eine blaue Zunge?
    a) Affenpinscher
    b) Neufundländer
    c) Chow-Chow

54. Wie bezeichnen Jäger den Schwanz eines Hasen?
   a) Blume
   b) Busch
   c) Baum

55. Was für ein Tier ist der »Pillendreher«?
   a) Nagetier
   b) Fisch
   c) Käfer

Lösungen zu »Raus in die Natur! – Pflanzen und Tiere«

1. **Antwort b)** ist richtig. Die Lärche ist ein Nadelbaum, Ulme und Linde sind Laubbäume.

2. **Antwort c)** ist richtig. Der Vater eines Maulesels ist ein Pferd, die Mutter ein Esel. Beim »Maultier« ist es umgekehrt.

3. **Antwort a)** ist richtig. Der Tiger ist ein Asiate, jedoch gibt es nur noch wenige Tausend frei lebende Exemplare.

4. **Antwort b)** ist richtig. Es gibt eine ganze Reihe verschiedener Sonnenblumensorten. Kleine Sonnenblumen sind nur 40 cm hoch, die »King Kong« bringt es auf die zehnfache Höhe.

5. **Antwort c)** ist richtig. Das männliche Seepferdchen verfügt über eine Bauchtasche, in der es den

Nachwuchs gebärt. Der ganze Vorgang dauert nur rund 10–12 Tage.

6. Antwort a) ist richtig. Kakao gewinnt man aus den Samen des Kakaobaumes – den Kakaobohnen.

7. Antwort b) ist richtig. Bei der Mauser werfen Vögel ihre alten Federn ab und lassen sich neue wachsen.

8. Antwort a) ist richtig. Als Kobel bezeichnet man das Nest des Eichhörnchens, welches es oben auf einem Baum errichtet.

9. Antwort a) ist richtig. Das Lama ist ein Kamel, dessen Heimat Südamerika ist. Eine Unart des Lamas: Wenn es sich gestört fühlt, spuckt es den Störenfried einfach an.

10. Antwort c) ist richtig. Der Eukalyptus, auch Blaugummibaum genannt, ist in Australien und Indonesien heimisch.

11. Antwort a) ist richtig. Die Himbeere zählt zu den Rosengewächsen, genauso wie beispielsweise die Brombeere, der Apfel oder die Kirsche.

12. Antwort b) ist richtig. Im 17. Jahrhundert war die Tulpe in den Niederlanden sogar ein begehrtes Spekulationsobjekt.

13. Antwort a) ist richtig. Auch männliche Wespen, Hornissen und Hummeln werden Drohnen genannt.

14. Antwort c) ist richtig. Eisbären leben in der Arktis, also am Nordpol. Sie zählen zu den größten an Land lebenden Raubtieren der Erde.

15. Antwort b) ist richtig. Die Blindschleiche sieht zwar ähnlich aus wie eine Schlange, ist aber eine Echse.

16. Antwort c) ist richtig. Die ersten Bonsai-Bäume wurden im alten China gezüchtet, vor rund tausend Jahren entwickelte man die Bonsai-Kunst dann auch in Japan.

17. Antwort b) ist richtig. Mais wurde erstmals in Mexiko angebaut. Christoph Kolumbus brachte die Pflanze vom amerikanischen Kontinent nach Europa.

18. Antwort c) ist richtig. Der Krake hat acht Arme. Daneben verfügt er über drei Herzen und neun Gehirne – ein Haupthirn und ein weiteres Gehirn für jeden Arm.

19. Antwort a) ist richtig. Der Delfin ist ein Zahnwal und damit ein Meeressäugetier. Hai und Seekatze hingegen gehören zu den Knorpelfischen.

20. Antwort a) ist richtig. Maßliebchen ist ein anderer Name für das Gänseblümchen. In der Schweiz wird es »Margritli« genannt.

21. Antwort b) ist richtig. Der von den Grillen erzeugte Laut – die so genannte Stridulation – kommt zustande, indem diese einen Flügel über den anderen schnell hin und her bewegen.

22. Antwort a) ist richtig. Der Gepard kann auf kurzen Strecken Geschwindigkeiten von über 100 km/h erreichen.

23. Antwort c) ist richtig. Der Große Rattenigel kann bis zu 45 cm lang werden. Er lebt in Südostasien. In unseren Gefilden verbreitet ist der kleinere Braunbrustigel.

24. Antwort c) ist richtig. Der Efeu ist eine Kletterpflanze, die häufig zur Begrünung von Mauerwerken eingesetzt wird.

25. Antwort a) ist richtig. Hyperion ist ein über 115 m hoher Küstenmammutbaum, der im kalifornischen Redwood-Nationalpark bewundert werden kann.

26. Antwort b) ist richtig. Die Larven von Fröschen, Kröten und anderen sogenannten Froschlurchen werden Kaulquappen genannt.

27. Antwort b) ist richtig. Mit einer Körperlänge von über 60 cm ist der Kolkrabe der größte Singvogel der Welt.

28. Antwort c) ist richtig. Der Rüde ist ein männlicher Hund, der Hengst ein männliches Pferd, der Eber ein männliches Schwein.

29. Antwort a) ist richtig. Der Sonnentau nutzt seine Blätter, um Insekten zu fangen und sich von diesen zu ernähren.

30. Antwort b) ist richtig. Die rote Rose gilt als Symbol für die Liebe und ist deshalb ein beliebtes Geschenk unter Liebenden.

31. Antwort b) ist richtig. Es gibt zwei Arten von Milanen: den Rotmilan und den Schwarzmilan.

32. Antwort a) ist richtig. Affenbrotbäume gibt es vor allem auf dem afrikanischen Kontinent sowie in Australien.

33. Antwort b) ist richtig. Die Buchecker ist die Frucht der Rotbuche; Haselnüsse wachsen auf dem Haselnussstrauch, Walnüsse auf dem Walnussbaum.

34. Antwort c) ist richtig. Das Murmeltier hält Winterschlaf, Waschbär und Eichhörnchen dagegen Winterruhe.

35. Antwort b) ist richtig. Der Blauwal kann über 30 m lang und 200 Tonnen schwer werden – er ist damit das größte bekannte Tier, das jemals auf der Erde gelebt hat.

36. Antwort a) ist richtig. Die Auster ist eine Muschel, die besonders von Feinschmeckern sehr geschätzt wird.

37. Antwort a) ist richtig. Bekannt dafür, Dämme zu bauen, sind die Biber. Ein einziger Biber kann innerhalb einer Nacht einen ganzen Baum fällen.

38. Antwort b) ist richtig. Termiten sind staatenbildende Insekten. Ihre Bauten können mehrere Meter hoch werden.

39. Antwort c) ist richtig. In den kalifornischen White Mountains finden sich gleich mehrere Kiefern, die über 4.000 Jahre alt sind; die älteste von ihnen ist rund 4.800 Jahre alt.

40. Antwort c) ist richtig. Löwen leben in Rudeln zusammen, während Luchs und Leopard Einzelgänger sind.

41. Antwort a) ist richtig. Als Frischlinge bezeichnet man frisch geborene Wildschweine; Fuchskinder heißen Welpen, junge Rehe nennt man Kitze.

42. Antwort b) ist richtig. Die Wassermelone stammt aus Afrika. Sie wurde dort bereits vor 4.000 Jahren angebaut.

43. Antwort c) ist richtig. Wild lebende Pferde in Amerika heißen Mustangs. Sie stammen von den Pferden ab, welche die spanischen Eroberer nach Amerika verschifften.

44. Antwort a) ist richtig. Mit ihrem Schnurren signalisieren Katzen, dass sie sich wohlfühlen. Wie das

Schnurren entsteht, konnten Wissenschaftler noch nicht endgültig klären.

45. Antwort b) ist richtig. Gorillas und Schimpansen sind Menschenaffen, der Pavian hingegen zählt zu den Meerkatzenverwandten.

46. Antwort a) ist richtig. Die Mohnblume wird auch Klatschmohn genannt. Die anderen Blumen gibt es nicht.

47. Antwort a) ist richtig. Der Pandabär – genauer: der »Große Panda« – frisst bis zu 20 kg Bambus pro Tag.

48. Antwort b) ist richtig. Die giftige Südasiatische Kobra trägt auch die Bezeichnung Brillenschlange. Ihr wissenschaftlicher Name lautet »Naja naja«.

49. Antwort a) ist richtig. Der Knollenblätterpilz ist sehr giftig, Steinpilz und Pfifferling sind hingegen essbar.

50. Antwort b) ist richtig. Die Kokosnuss ist die Frucht

der Kokospalme. Die Kokospalme kann bis zu 30 m hoch werden.

51. Antwort c) ist richtig. Der Lachende Hans oder Jägerliest ist ein Vogel. Von den australischen Ureinwohnern wird er Kookaburra genannt.

52. Antwort a) ist richtig. Wichtigste Nahrung des Schmetterlings ist der Blütennektar, den er mit seinem Saugrüssel aufnimmt.

53. Antwort c) ist richtig. Der Chow-Chow ist eine chinesische Hunderasse. Sein besonderes Kennzeichen: eine blaue Zunge.

54. Antwort a) ist richtig. Der Schwanz des Hasen ist die Blume; die Ohren eines Hasen nennt der Jäger »Löffel«.

55. Antwort c) ist richtig. Der Pillendreher ist ein Käfer. Im alten Ägypten war er ein religiöses Symbol.

So isst die Welt –
Essen und Trinken

1. Bestellt man in Spanien eine »Tortilla«, erhält man eine Eierspeise. In Mexiko hingegen ist die Tortilla ein …?
   a) Erfrischungsgetränk
   b) Fladenbrot
   c) Nudelgericht

2. Aus welchem Land stammt der Emmentaler Käse?
   a) Österreich
   b) Deutschland
   c) Schweiz

3. »Spezi« ist ein Mischgetränk aus Cola und …?
   a) Orangenlimonade
   b) Mineralwasser
   c) Himbeerbrause

4. Einen Brei aus Maisgrieß nennt man …?
   a) Polenta
   b) Polizia
   c) Polente

5. Was bekommt, wer im Restaurant »Rollmops«
bestellt?
a) Salat
b) Fisch
c) Nudeln

6. Was bedeutet das Wort »Cocktail« übersetzt?
a) Vogelfeder
b) Adlerauge
c) Hahnenschwanz

7. Wie lautet eine andere Bezeichnung für die
Kartoffel?
a) Erdapfel
b) Granatapfel
c) Adamsapfel

8. Aus was für einer Pflanze wird Vanille gewonnen?
a) Orchidee
b) Narzisse
c) Rose

9. Eine leckere Hackfleisch-Soße wurde nach einer italienischen Stadt benannt. Welcher?
   a) Venezia
   b) Roma
   c) Bologna

10. In welchem Land wurde das Knäckebrot erfunden?
    a) Schweden
    b) Indien
    c) Frankreich

11. Wobei handelt es sich um einen leckeren Kuchen?
    a) Zeckenbiss
    b) Mückenstich
    c) Bienenstich

12. Wie viele Zacken hat normalerweise ein Kronkorken?
    a) 12
    b) 21
    c) 75

13. Wenn jemand auf den Verzehr von Fleisch verzichtet, ist er ein ...?
a) Karnivore
b) Gourmet
c) Vegetarier

14. Der Name welcher Bohne wurde von ihrer Form
abgeleitet?
a) Kidneybohne
b) Saubohne
c) Brechbohne

15. In welchem Jahrhundert wurde die Cola erfunden?
a) 18. Jahrhundert
b) 19. Jahrhundert
c) 20. Jahrhundert

16. Was bedeutet so viel wie »Fleisch vom Drehspieß«?
a) Dönerkebap
b) Schaschlik
c) Barbecue

17. Aus welcher Milch wird Feta-Käse hergestellt?
    a) Eselsmilch
    b) Wolfsmilch
    c) Schafsmilch

18. Wobei handelt es sich um eine Süßigkeit aus
    Österreich?
    a) Mozartkugel
    b) Beethovenwürfel
    c) Brahmspyramide

19. Welche Eissorte enthält Rosinen?
    a) Malaga
    b) Amarena
    c) Stracciatella

20. Wenn man in Norddeutschland »Pinkel« bestellt,
    erhält man eine ...?
    a) Eierspeise
    b) Suppe
    c) Wurst

21. Wie lautet das italienische Wort für Vorspeisen?
    a) Pesto
    b) Antipasti
    c) Bruschetta

22. Welches Volk gilt als Erfinder der Pommes frites?
    a) Belgier
    b) Spanier
    c) Griechen

23. Ein japanisches Gericht, das vor allem aus Reis
    und Fisch besteht, heißt ...?
    a) Sushi
    b) Tofu
    c) Miso

24. Wobei handelt es sich um eine Esskastanie?
    a) Makrone
    b) Makkaroni
    c) Marone

25. Welches Getränk enthält Koffein?
    a) Bier
    b) Tee
    c) Wodka

26. Molke entsteht bei der Herstellung von ...?
    a) Butter
    b) Joghurt
    c) Käse

27. In welchem Jahr konnte man erstmals Gummi-
    bärchen kaufen?
    a) 1922
    b) 1955
    c) 1978

28. Was versteht man unter einem »Mantateller«?
    a) Wiener Schnitzel mit Kartoffelsalat
    b) Currywurst mit Pommes
    c) Hamburger mit Ketchup

29. Was wird aus Süßholzwurzeln hergestellt?
    a) Gelatine
    b) Karamell
    c) Lakritze

30. Was kann ein »Barista« besonders gut zubereiten?
    a) Kuchen
    b) Kaffee
    c) Cocktails

31. Hotdogs sind Würstchen in Brötchen. Doch was bedeutet »Hotdog« übersetzt?
a) Hoher Turm
b) Handarbeit
c) Heißer Hund

32. Der Crêpe ist ein französischer …?
a) Eierkuchen
b) Käsekuchen
c) Sandkuchen

33. Aus welchem Getreide wird Popcorn hergestellt?
a) Mais
b) Hafer
c) Gerste

34. Wobei handelt es sich um ein spanisches Reisgericht?
a) Chorizo
b) Paella
c) Fritada

35. Was ist »Safran«?
    a) Gewürz
    b) Süßspeise
    c) Getränk

36. Säfte, bei denen die ganze Frucht verarbeitet wird, nennt man ...?
    a) Smoothie
    b) O-Saft
    c) Nektar

37. In welchem Jahr wurde die erste Pizzeria Deutschlands eröffnet?
    a) 1922
    b) 1952
    c) 1982

38. Welcher Käse wurde ursprünglich aus Büffelmilch hergestellt?
    a) Parmesan
    b) Gouda
    c) Mozzarella

39. »Maultaschen« sind eine Spezialität aus…?
   a) Schwaben
   b) Sachsen
   c) Hessen

40. »Kuskus« ist ein wichtiges Nahrungsmittel in…?
   a) Südamerika
   b) Westeuropa
   c) Nordafrika

41. Ein Toast Hawaii wird belegt mit Schinken,
   Käse und…?
   a) Ananas
   b) Banane
   c) Pfirsich

42. Wobei handelt es sich um Chips aus Maismehl?
   a) Machos
   b) Nachos
   c) Lachos

43. Besonders gute Restaurants erhalten einen oder
   mehrere…?
   a) Sonnen
   b) Monde
   c) Sterne

95

44. In welchem Land wurde die Zuckerwatte erfunden?
    a) China
    b) USA
    c) Schweiz

45. Was meint ein Österreicher, wenn er »Obers« sagt?
    a) Salz
    b) Zucker
    c) Sahne

46. Was für ein Gericht ist »Borschtsch«?
    a) Nudelgericht
    b) Nachspeise
    c) Suppe

47. In welchem Staat muss man beim Kauf von Kau-
    gummi seinen Ausweis zeigen?
    a) Singapur
    b) Thailand
    c) Vietnam

48. Wo auf der Erde werden oftmals Stäbchen als Essbesteck verwendet?
   a) Südamerika
   b) Ostasien
   c) Westafrika

49. Aus welcher Sprache stammt das Wort »Sirup«?
   a) Arabisch
   b) Englisch
   c) Griechisch

50. Wer eine »Pizza Tonno« bestellt, erhält eine Pizza mit...?
   a) Pilzen
   b) Thunfisch
   c) Schinken

51. Wie viele Brathähnchen etwa werden jedes Jahr auf dem Münchner Oktoberfest verkauft?
   a) 5000
   b) 50 000
   c) 500 000

52. Welches Land ist für seinen »Gyros« bekannt?
    a) Portugal
    b) Ungarn
    c) Griechenland

53. Was für ein Getränk ist die »Melange«?
    a) Milchkaffee
    b) Tee mit Whisky
    c) Limonade

54. Welches Volk hat weltweit den höchsten Schoko-
    ladenverbrauch?
    a) Japaner
    b) Italiener
    c) Schweizer

55. Wie wird herkömmliches Trinkwasser manchmal
    scherzhaft genannt?
    a) Gänsewein
    b) Taubenlimo
    c) Entenkaffee

Lösungen zu »So isst die Welt –
Essen und Trinken«

1. Antwort b) ist richtig. Die mexikanische Tortilla ist ein Fladenbrot aus Mais- oder Weizenmehl.

2. Antwort c) ist richtig. Der Emmentaler ist ein Hartkäse aus dem Schweizer Emmental im Kanton Bern.

3. Antwort a) ist richtig. Ein Mischgetränk aus Cola und Orangenlimonade bezeichnet man als Spezi.

4. Antwort a) ist richtig. Die Polenta wird insbesondere in Norditalien gerne gegessen.

5. Antwort b) ist richtig. Der Rollmops ist ein eingelegter Hering, den man zusammenrollt.

6. Antwort c) ist richtig. Das englische Wort Cocktail bedeutet »Hahnenschwanz«. Es wird für meist alkoholische Mischgetränke verwendet.

7. Antwort a) ist richtig. Vor allem in Süddeutschland, Österreich und der Schweiz wird die Kartoffel manchmal auch als Erdapfel bezeichnet.

8. Antwort a) ist richtig. Vanille wird aus den Samenkapseln der Gewürzvanille gewonnen – einer Orchideenart.

9. Antwort c) ist richtig. Von der italienischen Stadt Bologna hat die Bolognese-Soße ihren Namen.

10. Antwort a) ist richtig. Das Knäckebrot stammt aus Schweden. Seinen Namen hat es vom schwedischen Wort »knäcka«, das »knacken« bedeutet.

11. Antwort c) ist richtig. Der Bienenstich ist ein Kuchen aus Hefeteig, der mit einer Masse aus Butter, Zucker und Mandeln belegt wird.

12. Antwort b) ist richtig. Herkömmliche Kronkorken haben 21 Zacken, und zwar auf der ganzen Welt.

13. Antwort c) ist richtig. Wer auf Fleisch verzichtet, ist ein Vegetarier. Manche Vegetarier verzichten auf alle tierischen Produkte, also auch auf Eier, Butter usw.

14. Antwort a) ist richtig. »Kidney« ist das englische Wort für »Niere« – die Kidneybohne hat eine Nierenform.

15. Antwort b) ist richtig. Cola gab es erstmals im 19. Jahrhundert – ursprünglich wurde sie als Medizin verkauft.

16. Antwort a) ist richtig. Der Dönerkebap – kurz: Döner – ist eine Spezialität der türkischen Küche.

17. Antwort c) ist richtig. Feta wird traditionell aus Schafsmilch, manchmal auch aus Ziegenmilch hergestellt.

18. Antwort a) ist richtig. Die Mozartkugel wurde im Jahr 1890 erstmals hergestellt und nach dem öster-

reichischen Komponisten Wolfgang Amadeus Mozart benannt.

19. Antwort a) ist richtig. Malaga-Eis enthält Rosinen, die zuvor in Malaga-Wein eingelegt wurden.

20. Antwort c) ist richtig. Der Pinkel ist eine geräucherte Grützwurst, die besonders gerne mit Grünkohl gegessen wird.

21. Antwort b) ist richtig. Antipasti sind italienische Vorspeisen, oftmals handelt es sich dabei um eingelegtes Gemüse.

22. Antwort a) ist richtig. Pommes frites wurden bereits vor Hunderten von Jahren in Belgien zubereitet.

23. Antwort a) ist richtig. Sushi ist ein japanisches Reisgericht, das auch hierzulande sehr beliebt ist.

24. Antwort c) ist richtig. Die Marone ist eine Esskastanie, während die Makrone ein Gebäck und Makkaroni eine Nudelsorte ist.

25. Antwort b) ist richtig. Tee enthält Koffein, Bier und Wodka enthalten Alkohol.

26. Antwort c) ist richtig. Molke wird deshalb auch manchmal als »Käsewasser« bezeichnet.

27. Antwort a) ist richtig. Die ersten Gummibären gab es im Jahr 1922. Sie hießen erst »Tanzbären«, später dann »Goldbären«.

28. Antwort b) ist richtig. Eine Currywurst mit Pommes nennt man manchmal Mantateller – benannt nach einem Automodell (Opel Manta).

29. Antwort c) ist richtig. Die Wurzel der Süßholzpflanze dient zur Herstellung von Lakritze. Diese Süßigkeit kannten bereits die alten Ägypter.

30. Antwort b) ist richtig. Der Barista gilt als »Kaffeekünstler«, der seine Kunden mit besonders gutem Kaffee verwöhnt.

31. Antwort c) ist richtig. »Hotdog« ist englisch und bedeutet »Heißer Hund«. Der Begriff wurde erstmals Ende des 19. Jahrhunderts verwendet.

32. Antwort a) ist richtig. Es handelt sich um einen sehr dünnen Eierkuchen (Pfannkuchen), der beliebig belegt werden kann.

33. Antwort a) ist richtig. Popcorn entsteht, wenn man eine bestimmte Maissorte – den »Puffmais« – stark erhitzt.

34. Antwort b) ist richtig. Die Paella ist ein beliebtes spanisches Reisgericht, das in einer Pfanne, der »Paellara« zubereitet wird.

35. Antwort a) ist richtig. Safran ist ein gelbes Gewürz, das aus einer Krokusart gewonnen wird.

36. Antwort a) ist richtig. Smoothies unterscheiden sich von herkömmlichen Fruchtsäften dadurch, dass auch das Fruchtmark verarbeitet wird.

37. Antwort b) ist richtig. Die erste Pizzeria in Deutschland wurde 1952 in Würzburg eröffnet. Sie hieß »Sabbie di Capri«.

38. Antwort c) ist richtig. Der ursprüngliche Mozzarella wurde aus Büffelmilch hergestellt; Mozzarella, der heute im Supermarkt verkauft wird, hat meistens Kuhmilch als Grundlage.

39. Antwort a) ist richtig. Maultaschen sind eine schwäbische Spezialität. Es handelt sich hierbei um Teigtaschen mit einer leckeren Füllung.

40. Antwort c) ist richtig. Kuskus ist ein wichtiges Nahrungsmittel in Nordafrika. Er dient meistens als Beilage für andere Gerichte.

41. Antwort a) ist richtig. Der Toast Hawaii wird mit Schinken, Ananas und Käse belegt. Er wurde 1955 vom Fernsehkoch Clemens Wilmenrod erstmals vorgestellt.

42. Antwort b) ist richtig. Nachos (sprich: »Natschos«) sind Tortilla-Chips aus Maismehl.

43. Antwort c) ist richtig. Besonders gute Restaurants und Hotels werden mit Sternen ausgezeichnet – je mehr Sterne, desto besser.

44. Antwort b) ist richtig. Die Zuckerwatte stammt aus den USA. Sie wurde 1897 von zwei Konditoren in Nashville erfunden.

45. Antwort c) ist richtig. Obers nennt man in Österreich die Sahne. Schlagsahne heißt dementsprechend »Schlagobers«.

46. Antwort c) ist richtig. Borschtsch ist eine Suppe, die in Osteuropa sehr verbreitet ist.

47. Antwort a) ist richtig. Von 1992–2004 war der Verkauf von Kaugummi in Singapur sogar komplett verboten.

48. Antwort b) ist richtig. Essstäbchen kommen in China, Japan und weiteren ostasiatischen Ländern häufig zum Einsatz.

49. Antwort a) ist richtig. Das Wort Sirup leitet sich vom arabischen »Scharab« ab, das »Trank« bedeutet.

50. Antwort b) ist richtig. »Tonno« ist das italienische Wort für Thunfisch.

51. Antwort c) ist richtig. Durchschnittlich 500 000 – eine halbe Million – Brathähnchen werden jedes Jahr auf dem Oktoberfest verkauft.

52. Antwort c) ist richtig. Gyros ist Schweinefleisch, das an einem Grillspieß zubereitet wird.

53. Antwort a) ist richtig. Die Melange (sprich: »Melonsch«) ist ein Milchkaffee, der dem italienischen Cappuccino ähnelt.

54. Antwort c) ist richtig. Der durchschnittliche Schweizer isst rund 12 kg Schokolade pro Jahr, der durchschnittliche Italiener nur rund 4 kg, der durchschnittliche Japaner nur rund 2 kg.

55. Antwort a) ist richtig. Wer von Gänsewein spricht, meint das herkömmliche Trinkwasser aus der Wasserleitung.

Superstar gesucht! –
Filme und Musik

1. Wie heißt der bekannte Komiker »Otto« mit Nachnamen?
   a) Hallervorden
   b) Waalkes
   c) Mittermeier

2. »Mein kleiner grüner Kaktus steht draußen…«?
   a) am Fenster
   b) an der Tür
   c) am Balkon

3. Welcher Außerirdische wurde 1982 von Regisseur
   Steven Spielberg auf die Leinwand gebracht?
   a) R.W.
   b) E.T.
   c) L.X.

4. Was für ein Tier ist die Trickfilmfigur »Dumbo«?
   a) Hase
   b) Fuchs
   c) Elefant

5. Wenn Hobbysänger zur Instrumentalfassung bekannter Lieder singen, nennt man das ...?
a) Karaoke
b) Aikido
c) Sudoku

6. Eine bekannte Hotelerbin, die sich auch als Sängerin und Schauspielerin versucht hat, heißt ...?
a) London Dorint
b) Berlin Kempinski
c) Paris Hilton

7. Dick und Dalli leben in einer bekannten Filmreihe
auf dem ...?
a) Immenhof
b) Drohnenhof
c) Bienenhof

8. Wobei handelt es sich um einen bedeutenden Film-
preis?
a) James
b) Oscar
c) Ludwig

9. Wie wird »Deutschland sucht den Superstar« abgekürzt?
   a) DeuSU
   b) DSDS
   c) DSR

10. Wie heißt der Sänger von »Tokio Hotel«?
   a) Bill
   b) Gustav
   c) Tom

11. Wer war sehr bekannt »in einem unbekannten Land, vor gar nicht allzu langer Zeit«?
   a) Heidi
   b) Biene Maja
   c) Pinocchio

12. Mit wem zusammen hat Bud Spencer zahlreiche Filme gedreht?
   a) Adriano Celentano
   b) Elvis Presley
   c) Terence Hill

13. Wie heißt der Affe von »Pippi Langstrumpf«?
    a) Herr Andersson
    b) Herr Olsson
    c) Herr Nilsson

14. Aus welchem Land stammt die Reggae-Musik?
    a) Jamaika
    b) Kuba
    c) Bolivien

15. Welche Frau lernt »Tarzan« im Dschungel kennen?
    a) Jane
    b) Jessica
    c) Julia

16. Wobei handelt es sich um eine Band aus Bautzen
    in Sachsen?
    a) Bronzemond
    b) Goldmond
    c) Silbermond

17. Wer moderiert die Sendung »TV Total«?
    a) Stefan Raab
    b) Oliver Pocher
    c) Harald Schmidt

18. Wer verbirgt sich hinter der Zeichentrickfigur
»Phantomias«?
a) Donald Duck
b) Micky Maus
c) Daniel Düsentrieb

19. John Lennon, Paul McCartney, George Harrison
und Ringo Starr bildeten die Band …?
a) Procol Harum
b) The Beatles
c) Fleetwood Mac

20. Welcher »Doktor« kann mit Tieren sprechen?
a) Doktor Hollywood
b) Doktor Jekyll
c) Doktor Dolittle

21. Ein bekannter deutscher Sänger heißt Xavier …?
a) Naidoo
b) Ramboo
c) Kendoo

22. In welcher Stadt wurde der Komiker Charlie Chaplin am 16. April 1889 geboren?
    a) London
    b) Warschau
    c) Wien

23. Welcher Hunderasse gehört »Lassie« an?
    a) Dalmatiner
    b) Husky
    c) Collie

24. Ein bekannter Hit von Nena heißt …?
    a) 99 Luftschlangen
    b) 99 Luftballons
    c) 99 Luftentfeuchter

25. Was heißt »Batman« übersetzt?
    a) Fledermausmann
    b) Spinnenmann
    c) Supermann

26. Welches Lied von Heintje hört man auch heute noch hin und wieder?
    a) Papa
    b) Mama
    c) Oma

27. Wie heißt ein Asterix-Spielfilm, der 2008 in die Kinos kam?
    a) Asterix bei den Olympischen Spielen
    b) Asterix und Obelix gegen Cäsar
    c) Asterix und Obelix: Mission Kleopatra

28. Welcher Rapper spielt im Film »8 Mile« die Hauptrolle?
    a) 50 Cent
    b) Ice-T
    c) Eminem

29. Eine 1981 in den Vereinigten Staaten von Amerika geborene Sängerin heißt Britney ...?
    a) Connor
    b) Spears
    c) Biedermann

30. Wie heißt eine bekannte Krimireihe im deutschen Fernsehen?
    a) Fingerabdruck
    b) Indiz
    c) Tatort

31. Welcher Regisseur machte sich einen Spaß daraus, in irgendeiner Form selbst in seinen Filmen aufzutauchen?
    a) Alfred Hitchcock
    b) Bill Bixby
    c) Billy Wilder

32. In welcher Sendung kommen »Kermit der Frosch« und das Schwein »Miss Piggy« vor?
    a) Muppet Show
    b) Sesamstraße
    c) Rappelkiste

33. Wann fängt laut einem Lied von Udo Jürgens das Leben an?
    a) Mit 17 Jahren
    b) Mit 30 Jahren
    c) Mit 66 Jahren

34. Welches Lied haben die Österreicher Franz Xaver Gruber und Joseph Mohr am Heiligen Abend des Jahres 1818 zum ersten Mal aufgeführt?
a) O du fröhliche
b) Stille Nacht
c) Es ist ein Ros entsprungen

35. Wer hat die Roman- und Filmfigur »Miss Marple« erdacht?
a) Astrid Lindgren
b) Enid Blyton
c) Agatha Christie

36. In welchem Jahr entstand der erste Kinofilm mit dem Delfin »Flipper«?
a) 1963
b) 1982
c) 2001

37. Um welchen Sport dreht es sich in den Filmen rund um »Die wilden Kerle«?
a) Eishockey
b) Schwimmen
c) Fußball

38. Im Lied »Die Vogelhochzeit« heiratet eine männliche Amsel eine weibliche ...?
a) Drossel
b) Taube
c) Lerche

39. Wie hieß ein großer Hit der deutschen Band »Pur«?
a) Abenteuerspielplatz
b) Abenteuerurlaub
c) Abenteuerland

40. Von wem stammen Lieder wie »Katzeklo«, »Klapperstrauß« und »Käsebrot«?
a) Martin Schneider
b) Helge Schneider
c) Tapferes Schneiderlein

41. Die sechste »Harry Potter«-Verfilmung heißt »Harry Potter und der ...«?
a) Stein der Weisen
b) Halbblutprinz
c) Feuerkelch

42. Das Komikerpaar Stan Laurel und Oliver Hardy ist auch bekannt als ...?
a) Dick und Doof
b) Groß und Klein
c) Alt und Jung

43. Welcher Preis wird jedes Jahr für die schlechtesten Filme vergeben?
a) Goldenes Gänseblümchen
b) Goldene Himbeere
c) Goldener Schmetterling

44. Welche Gruppe fragte in einem Lied: »Lebt denn der alte Holzmichl noch«?
a) De Randfichten
b) Kastelruther Spatzen
c) Die Flippers

45. Eine bekannte deutsche Band heißt »Sport-freunde ...«?
a) Lauter
b) Leiser
c) Stiller

46. In einem Lied heißt es: »Marmor, Stein und Eisen...«?
    a) besteht
    b) bricht
    c) schmilzt

47. In welchem Land spielen die Abenteuer von »Don Camillo und Peppone«?
    a) Spanien
    b) Schweiz
    c) Italien

48. Welches Märchen wurde von Walt Disney bereits im Jahr 1937 verfilmt?
    a) Schneewittchen und die Sieben Zwerge
    b) Rapunzel
    c) Hänsel und Gretel

49. Ein bekannter deutscher Komiker heißt Ralf...?
    a) Schmitz
    b) Schmatz
    c) Schmotz

50. In welchem Film kommt ein »Säbelzahneichhörnchen« vor?
   a) Feivel der Mauswanderer
   b) Die Unglaublichen
   c) Ice Age

51. Im Abspann welcher Zeichentrickserie ertönt das
   Lied: »Wer hat an der Uhr gedreht«?
   a) Der rosarote Panther
   b) Tom und Jerry
   c) Die Simpsons

52. Die Nationalhymne von Liechtenstein hat die
   gleiche Melodie wie die Nationalhymne von ...?
   a) Deutschland
   b) Frankreich
   c) Großbritannien

53. Das Lied »Candle in the Wind« widmete Elton
   John der britischen Prinzessin ...?
   a) Sarah
   b) Diana
   c) Camilla

54. Welcher britische Komiker spielt »Mr Bean«?
   a) Rowan Atkinson
   b) Eric Idle
   c) John Cleese

55. Von wem stammt der Text des Liedes »Der Mond ist aufgegangen«?
   a) Matthias Claudius
   b) Heinrich Heine
   c) Eduard Mörike

Lösungen zu »Superstar gesucht! – Filme und Musik«

1. Antwort b) ist richtig. Otto Gerhard Waalkes wurde am 22. Juli 1948 in Ostfriesland geboren.

2. Antwort c) ist richtig. Das Lied »Mein kleiner grüner Kaktus« wurde im Jahr 1934 von den Comedian Harmonists gesungen.

3. Antwort b) ist richtig. Der Film »E.T. – Der Außerirdische« war ein großer Kinoerfolg. Er dreht sich um die Freundschaft des 10-jährigen Elliott mit einem Außerirdischen.

4. Antwort c) ist richtig. »Dumbo – der fliegende Elefant« wird von den anderen Tieren wegen seiner großen Ohren verspottet – bis er entdeckt, dass er damit fliegen kann.

5. Antwort a) ist richtig. Karaoke wurde bereits in den 1970er Jahren in Japan betrieben und ist inzwischen ein weltweit beliebtes Freizeitvergnügen.

6. Antwort c) ist richtig. Paris Hilton ist eine Urenkelin des Hotelgründers Conrad Hilton. Sie wurde am 17. Februar 1981 in New York City geboren.

7. Antwort a) ist richtig. Dick und Dalli sind »Die Mädels vom Immenhof«, die 1955 erstmals im Kino zu sehen waren.

8. Antwort b) ist richtig. Die erste Oscar-Verleihung fand im Jahr 1929 statt. Der eigentliche Name des Filmpreises lautet »Academy Award of Merit«.

9. Antwort b) ist richtig. Die Abkürzung von »Deutschland sucht den Superstar« lautet DSDS. Die britische Originalsendung heißt »Pop Idol«.

10. Antwort a) ist richtig. Der Sänger der 2001 gegründeten Band Tokio Hotel heißt Bill Kaulitz.

11. Antwort b) ist richtig. Das Titellied der Zeichentrickserie »Biene Maja« wurde von Karel Gott gesungen.

12. Antwort c) ist richtig. Bud Spencer und Terence Hill sind übrigens Italiener und heißen in Wirklichkeit Carlo Pedersoli und Mario Girotti.

13. Antwort c) ist richtig. Pippi Langstrumpf lebt in der Villa Kunterbunt zusammen mit ihrem Pferd Kleiner Onkel und dem Äffchen Herr Nilsson.

14. Antwort a) ist richtig. Der Reggae ist in den 1960er Jahren auf Jamaika entstanden, einem Inselstaat in der Karibik.

15. Antwort a) ist richtig. Tarzan wird im Dschungel von Affen aufgezogen. Als Erwachsener begegnet er Jane – die beiden verlieben sich ineinander.

16. Antwort c) ist richtig. Silbermond ist eine bekannte Band, von der unter anderem die Songs »Symphonie« und »Das Beste« stammen.

17. Antwort a) ist richtig. Die Sendung TV Total wurde erstmals 1999 ausgestrahlt. Sie wird von Stefan Raab moderiert.

18. Antwort a) ist richtig. Manchmal verwandelt sich Donald Duck in Phantomias, den Superhelden.

19. Antwort b) ist richtig. Die Beatles verkauften weit über eine Milliarde Tonträger und zählen damit zu den erfolgreichsten Bands aller Zeiten.

20. Antwort c) ist richtig. Doktor Dolittle ist eine Figur, die 1920 erstmals in einem Kinderbuch und später in mehreren Filmen auftauchte.

21. Antwort a) ist richtig. Xavier Naidoo wurde 1971 in Mannheim geboren. Er ist Gründungsmitglied der »Söhne Mannheims«.

22. Antwort a) ist richtig. Charlie Chaplin wurde in London geboren. Er starb am 25. Dezember 1977 in der Schweiz.

23. Antwort c) ist richtig. Der wohl berühmteste Filmhund der Welt ist ein langhaariger Collie.

24. Antwort b) ist richtig. Das Lied »99 Luftballons« wurde in Deutschland, Österreich, der Schweiz und einigen anderen Ländern ein Nummer-eins-Hit.

25. Antwort a) ist richtig. Batman ist englisch für »Fledermausmann«. Bereits seit 1943 werden immer wieder Filme mit der bekannten Comicfigur gedreht.

26. Antwort b) ist richtig. Das 1967 veröffentlichte Lied »Mama« des Kinderstars lässt noch heute die Herzen aller Mütter schmelzen.

27. Antwort a) ist richtig. Es handelt sich um die dritte Realverfilmung der Asterix-Comics. Sie wurde pünktlich zu den Olympischen Spielen 2008 in Peking veröffentlicht.

28. Antwort c) ist richtig. Eminem spielt in dem Film einen jungen weißen Rapper namens Rabbit.

29. Antwort b) ist richtig. Britney Spears wurde bekannt, als sie zusammen mit Christina Aguilera und Justin Timberlake eine Kindersendung moderierte.

30. Antwort c) ist richtig. Der erste »Tatort« wurde bereits am 29. November 1970 ausgestrahlt.

31. Antwort a) ist richtig. Sir Alfred Joseph Hitchcock lebte von 1899–1980. In den meisten seiner Filme taucht der Regisseur irgendwo im Hintergrund auf.

32. Antwort a) ist richtig. Die Muppets wurden von den Puppenspielern Jim Henson und Frank Oz entworfen.

33. Antwort c) ist richtig. Udo Jürgens sang: »Mit 66 Jahren, da fängt das Leben an.«

34. Antwort b) ist richtig. »Stille Nacht« gilt als bekanntestes Weihnachtslied der Welt. Von Franz Xaver Gruber stammt die Melodie, von Joseph Mohr der Text.

35. Antwort c) ist richtig. Miss Marple ist eine Schöpfung von Agatha Christie, die von 1890–1976 lebte.

36. Antwort a) ist richtig. Der erste Flipper-Film kam bereits 1963 in die Kinos. Ab 1964 wurde die heute noch beliebte Flipper-Fernsehserie ausgestrahlt.

37. Antwort c) ist richtig. In »Die Wilden Kerle« dreht es sich um den Fußball. Die Filme entstanden nach den Kinderbüchern von Joachim Masannek.

38. Antwort a) ist richtig. Im Lied heißt es: »Die Amsel war der Bräutigam, die Drossel war die Braute.«

39. Antwort c) ist richtig. »Abenteuerland« wurde im Jahr 1995 ein Nummer-eins-Hit und läuft noch heute des Öfteren im Radio.

40. Antwort b) ist richtig. Die genannten Lieder stammen vom 1955 in Mülheim an der Ruhr geborenen Unterhaltungskünstler Helge Schneider.

41. Antwort b) ist richtig. Der sechste »Harry Potter«-Film heißt wie der sechste Roman »Harry Potter und der Halbblutprinz«.

42. Antwort a) ist richtig. Zwischen 1926 und 1951 traten Stan Laurel und Oliver Hardy in vielen Filmen als »Dick und Doof« auf.

43. Antwort b) ist richtig. Die »Goldene Himbeere« wird seit 1980 für den schlechtesten Film, den schlechtesten Schauspieler usw. verliehen.

44. Antwort a) ist richtig. De Randfichten sind eine volkstümliche Musikgruppe aus dem Erzgebirge.

45. Antwort c) ist richtig. Von den Sportfreunden Stiller stammt unter anderem das Lied »'54, '74, '90, 2010«.

46. Antwort b) ist richtig. So geht das von Drafi Deutscher gesungene Lied weiter: »Marmor, Stein und Eisen bricht, aber unsere Liebe nicht.«

47. Antwort c) ist richtig. Die »Don Camillo«-Filme spielen in einem Dorf in Norditalien. Die Romanvorlagen lieferte Giovanni Guareschi.

48. Antwort a) ist richtig. »Schneewittchen und die Sieben Zwerge« war der erste abendfüllende Zeichentrickfilm von Walt Disney.

49. Antwort a) ist richtig. Ralf Schmitz wurde am 3. November 1974 in Leverkusen geboren.

50. Antwort c) ist richtig. Das Säbelzahneichhörnchen im Film Ice Age heißt Scrat.

51. Antwort a) ist richtig. Das Lied ertönt im Abspann von »Der rosarote Panther«.

52. Antwort c) ist richtig. »Oben am jungen Rhein« und »God Save the Queen« haben die gleiche Melodie.

53. Antwort b) ist richtig. Lady Diana kam im Jahr 1997 bei einem Autounfall ums Leben. Elton John, der mit ihr befreundet war, sang das Lied auf ihrer Trauerfeier.

54. Antwort a) ist richtig. Hinter Mr Bean verbirgt sich der britische Komiker Rowan Atkinson. John Cleese und Eric Idle gehören zur britischen Komikergruppe »Monty Python«.

55. Antwort a) ist richtig. Matthias Claudius veröffentlichte sein Gedicht »Abendlied« im Jahr 1771.

Überleben in der Wildnis – Survival und Abenteuer

1. Welche Bedeutung hat das englische Wort »Survival«?
   a) Butterbrot
   b) Nachtlager
   c) Überleben

2. Wer verbringt in einem Roman von Daniel Defoe 28 Jahre auf einer einsamen Insel?
   a) Robinson Crusoe
   b) Sindbad der Seefahrer
   c) Odysseus

3. Ein berühmter Abenteuerroman von Alexandre Dumas heißt »Der Graf von Monte...«?
   a) Buddha
   b) Mose
   c) Christo

4. Welches Gerät dient zum Bestimmen der Himmelsrichtung?
   a) Radar
   b) Kompass
   c) Altimeter

134

5. Krankheitskeime im Wasser kannst du beseitigen durch …?
   a) Kochen
   b) Filtern
   c) Kühlen

6. Mit welchem Floß segelte der Norweger Thor Heyerdahl 1947 über den Pazifik?
   a) Tic-Tac
   b) Kon-Tiki
   c) Rantanplan

7. Der Schwede Sven Hedin wurde berühmt für seine Forschungsreisen nach …?
   a) Afrika
   b) Australien
   c) Asien

8. Wobei handelt es sich um einen Seemannsknoten?
   a) Palstek
   b) Pitstop
   c) Perpetuum

9. Wobei handelt es sich um ein internationales Notsignal?
   a) UNO
   b) SOS
   c) WHO

10. Mithilfe welches Sterns kannst du dich in freier Wildbahn auch ohne Kompass orientieren?
    a) Polarstern
    b) Pistolenstern
    c) Granatstern

11. Wie heißt der Junge, der sich im Roman »Die Schatzinsel« auf eine abenteuerliche Schatzsuche begibt?
    a) Bob
    b) Tom
    c) Jim

12. Was ist ein Anzeichen für schlechtes Wetter?
    a) Frösche, die quaken
    b) Babys, die schreien
    c) Vögel, die tief fliegen

13. Wie heißt ein bekannter deutscher Survival-Fach-
    mann?
    a) Frank Plasberg
    b) Rüdiger Nehberg
    c) Emil Underberg

14. Welcher Kampf wird in der altgriechischen »Ilias«
    geschildert?
    a) Kampf um Troja
    b) Kampf um Sparta
    c) Kampf um Athen

15. Von wem stammt das Buch »Die Insel der Aben-
    teuer«?
    a) Stefan Wolf
    b) Ursel Scheffler
    c) Enid Blyton

16. Womit kannst du Fleisch länger haltbar machen?
    a) Pfeffer
    b) Salz
    c) Knoblauch

17. Wenn auf einer Landkarte der Maßstab »1:10 000«
    steht – wie viel sind dann 10 cm auf der Karte in
    Wirklichkeit?
    a) 10 m
    b) 1 km
    c) 100 km

18. Ein bekanntes Abenteuerspiel ist die …?
    a) Steakjagd
    b) Kotelettjagd
    c) Schnitzeljagd

19. Robert Baden-Powell, der Gründer der Pfadfinder-
    bewegung, war ein britischer …?
    a) General
    b) Koch
    c) Lehrer

20. Womit umrundete der amerikanische Millärdär
    Steve Fossett im Jahr 2002 den gesamten Erdball?
    a) Segelflugzeug
    b) Zeppelin
    c) Ballon

21. Wer dachte sich die Abenteuer von »Winnetou«
aus?
a) Joseph Oktober
b) Karl May
c) Benjamin Juni

22. Wie weit etwa ist ein Gewitter entfernt, wenn zwischen Blitz und Donner drei Sekunden liegen?
a) 1 km
b) 10 km
c) 100 km

23. Wie nennt man die Symbolerklärungen auf einer
Landkarte?
a) Sage
b) Märchen
c) Legende

24. Womit kannst du Feuer machen?
a) Feuerstuhl
b) Flammendes Herz
c) Brennglas

25. Welchem Wal hat Herman Melville einen Abenteuerroman gewidmet?
    a) Moby Dick
    b) Willy
    c) Keiko

26. Wobei handelt es sich um eine Romanserie von James Fenimore Cooper?
    a) Wollsocke
    b) Filzpantoffel
    c) Lederstrumpf

27. Obst machst du haltbar, indem du es ...?
    a) trocknest
    b) in Wasser einlegst
    c) vergräbst

28. Aus den Blättern welcher Pflanze kannst du einen Salat zubereiten?
    a) Goldregen
    b) Maiglöckchen
    c) Löwenzahn

29. Sir Ernest Henry Shackleton war ein britischer …?
    a) Abenteuerschriftsteller
    b) Polarforscher
    c) Bergsteiger

30. Von wem stammt der Abenteuerroman »Der Ruf
    der Wildnis«?
    a) Jack London
    b) Pierre Paris
    c) Igor Moskau

31. Was für ein Landsmann war der Abenteurer
    Heinrich Harrer?
    a) Schweizer
    b) Deutscher
    c) Österreicher

32. Wenn oben Norden ist, wo ist dann Westen?
    a) links
    b) rechts
    c) unten

33. Wovon sollte man sich bei einem Gewitter unbedingt fernhalten?
a) Höhle
b) Scheune
c) Gewässer

34. Wie bezeichnen Bergsteiger ein Lager im Freien?
a) Wigwam
b) Kajak
c) Biwak

35. Vom deutschen Schriftsteller Friedrich Gerstäcker stammt der Abenteuerroman »Die Flusspiraten des ...«?
a) Nil
b) Mississippi
c) Amazonas

36. Der schottische Afrikaforscher und Missionar David Livingstone entdeckte 1855 die ...?
a) Viktoriafälle
b) Niagarafälle
c) Iguaçufälle

37. Wenn du welchem Tier begegnest, solltest du dich möglichst nicht bewegen, bis es verschwunden ist?
a) Bär
b) Wolf
c) Schlange

38. Wer hat sich »Die Abenteuer des Tom Sawyer« ausgedacht?
a) Mark Twain
b) Edgar Allan Poe
c) Truman Capote

39. Womit kannst du die Zeit bestimmen?
a) Regen
b) Schnee
c) Sonne

40. Wobei handelt es sich um einen Seemannsknoten?
a) Affenfaust
b) Elefantenrüssel
c) Löwenmähne

41. Wer bestieg als erster Mensch alle 14 Berge mit
    über 8.000 m Höhe?
    a) Walter Bonatti
    b) Reinhold Messner
    c) Hermann Buhl

42. Welche Rufnummer wählst du in Notfällen?
    a) 007
    b) 112
    c) 313

43. Das hierzulande gefährlichste Tier des Waldes
    ist…?
    a) der Fuchs
    b) die Zecke
    c) der Dachs

44. Der Brite Rudyard Kipling schrieb…?
    a) Das Dschungelbuch
    b) Das Wüstenbuch
    c) Das Savannenbuch

45. Der Norweger Roald Amundsen erreichte als erster Mensch den ...?
   a) Nordpol
   b) Dreieck
   c) Südpol

46. Welche Zeichen werden durch Ton- oder Lichtsignale übermittelt?
   a) Morsezeichen
   b) Rauchzeichen
   c) Lesezeichen

47. Was wird zum Kochen im Freien häufig verwendet?
   a) Hobokocher
   b) Wudukocher
   c) Dadakocher

48. Was kommt beim Aufbau eines Zeltes zum Einsatz?
   a) Forelle
   b) Karpfen
   c) Hering

49. Wen führten seine Forschungsreisen nach
    Amerika und Asien?
    a) Johann Wolfgang von Goethe
    b) Alexander von Humboldt
    c) Friedrich von Schiller

50. Ein berühmter Abenteuerroman von Jules Verne
    trägt den Titel: »Reise zum Mittelpunkt der ...«?
    a) Galaxis
    b) Insel
    c) Erde

51. Welchen Berg bestieg der Neuseeländer Edmund
    Hillary als erster Mensch?
    a) Mount Everest
    b) Aconcagua
    c) Kilimandscharo

52. Welchen Beruf übt der Abenteurer »Indiana
    Jones« aus?
    a) Polizist
    b) Pilot
    c) Archäologe

53. Mit welchem Symbol kennzeichnen Waldläufer
einen Irrweg?
a) Kreuz
b) Dreieck
c) Pfeil

54. Welche Wolke sieht man auch bei gutem Wetter
am Himmel?
a) Nimbostratus
b) Cirrocumulus
c) Cumulonimbus

55. Wer erzählte die Abenteuer des Ritters »Ivanhoe«?
a) William Shakespeare
b) Thomas Hardy
c) Walter Scott

Lösungen zu »Überleben in der Wildnis – Survival und Abenteuer«

1. Antwort c) ist richtig. Survival bedeutet »Überleben«. Mit dem Wort bezeichnet man Techniken, die das Überleben auch unter widrigen Umständen ermöglichen.

2. Antwort a) ist richtig. Robinson Crusoe erleidet Schiffbruch und landet im September 1659 auf einer einsamen Insel – erst im Juni 1687 kehrt er nach England zurück.

3. Antwort c) ist richtig. Ein junger Seemann wird unschuldig eingekerkert. Nach seiner Flucht übt er als »Graf von Monte Christo« Rache.

4. Antwort b) ist richtig. Die Kompassnadel zeigt immer nach Norden – so kannst du jederzeit feststellen, in welche Richtung du dich bewegst.

5. Antwort a) ist richtig. Bevor du Wasser, insbesondere aus stehenden Gewässern, trinkst, solltest du es in jedem Fall abkochen.

6. Antwort b) ist richtig. Die Kon-Tiki war ein Floß aus Balsaholz. Das gleichnamige Buch des Norwegers über sein Abenteuer wurde ein Bestseller.

7. Antwort c) ist richtig. Sven Hedin war ein berühmter Asienforscher, der von 1865–1952 lebte. Über seine Erlebnisse schrieb er spannende Bücher.

8. Antwort a) ist richtig. Der Palstek ist der von Seeleuten am häufigsten verwendete Knoten. Pfadfinder nennen ihn auch »Rettungsschlinge«.

9. Antwort b) ist richtig. SOS steht für »Save Our Souls« – »Rettet unsere Seelen«.

10. Antwort a) ist richtig. Der Polarstern befindet sich in der Nähe des Himmelsnordpols und kann deshalb für die Orientierung eingesetzt werden.

11. Antwort c) ist richtig. Der Junge heißt Jim Hawkins. »Die Schatzinsel« wurde von Robert Louis Stevenson verfasst.

12. Antwort c) ist richtig. Für Vögel ist es bei schlechtem Wetter zu gefährlich, weit oben in den Lüften zu fliegen.

13. Antwort b) ist richtig. Der 1935 in Bielefeld geborene Rüdiger Nehberg wird auch »Sir Vival« genannt.

14. Antwort a) ist richtig. In der »Ilias« geht es um den Kampf um Troja mit Helden wie Odysseus, Achilles und anderen.

15. Antwort c) ist richtig. »Die Insel der Abenteuer« stammt von der britischen Kinderbuchautorin Enid Blyton, die von 1897–1968 lebte.

16. Antwort b) ist richtig. Du kannst das Fleisch mit Salz »pökeln«, um es zu konservieren.

17. Antwort b) ist richtig. Es sind 10 000 mal 10 cm, also 100 000 cm. Das entspricht 1 000 m oder 1 km.

18. Antwort c) ist richtig. Bei der Schnitzeljagd wird eine Gruppe von der anderen verfolgt. Die verfolgende Gruppe muss sich an den Zeichen der ersten Gruppe orientieren.

19. Antwort a) ist richtig. Robert Baden-Powell, der von 1857–1941 lebte, war ein General. In seinem letzten Brief schrieb er: »Versucht, die Welt ein bisschen besser zurückzulassen, als ihr sie vorgefunden habt.«

20. Antwort c) ist richtig. Steve Fossett gelang 2002 die erste Nonstop-Weltumrundung in einem Ballon. 2007 kam er bei einem Flugzeugabsturz ums Leben.

21. Antwort b) ist richtig. Karl May, der von 1842–1912 lebte, war der wohl bekannteste deutsche Abenteuerschriftsteller.

22. Antwort a) ist richtig. Der Schall legt 330 m pro Sekunde zurück – innerhalb von drei Sekunden schafft er also etwa einen Kilometer.

23. Antwort c) ist richtig. Wenn auf einer Landkarte Symbole abgebildet sind, werden diese in der Legende erklärt.

24. Antwort c) ist richtig. Du kannst beispielsweise eine Lupe als Brennglas einsetzen: Sonnenstrahlen werden damit gebündelt, um Feuer zu machen.

25. Antwort a) ist richtig. Moby Dick ist ein weißer Wal, der dem einbeinigen Kapitän Ahab schwer zu schaffen macht.

26. Antwort c) ist richtig. James Fenimore Cooper (1789–1851) schuf insgesamt fünf Lederstrumpf-Abenteuerromane.

27. Antwort a) ist richtig. Durch das Trocknen wird dem Obst Flüssigkeit entzogen und es ist länger haltbar.

28. Antwort c) ist richtig. Aus den Blättern von jungem Löwenzahn kannst du dir Salat zubereiten; Goldregen und Maiglöckchen sind giftig.

29. Antwort b) ist richtig. Sir Ernest Henry Shackleton war ein britischer Polarforscher, der von 1874–1922 lebte.

30. Antwort a) ist richtig. Jack London war ein amerikanischer Abenteuerschriftsteller. Er lebte von 1876–1916.

31. Antwort c) ist richtig. Heinrich Harrer (1912–2006) war Österreicher. Unter anderem verfasste er das Buch »Sieben Jahre in Tibet«.

32. Antwort a) ist richtig. Wenn oben Norden ist, ist links Westen, rechts Osten und unten Süden.

33. Antwort c) ist richtig. Suche bei einem Gewitter am besten Unterschlupf in einem geschlossenen Raum; in der Nähe von Gewässern ist es blitzgefährlich.

34. Antwort c) ist richtig. Ein Lager im Freien nennen die Bergsteiger Biwak. Das Wort kommt vom französischen »bivouac«, das »Nachtlager« bedeutet.

35. Antwort b) ist richtig. Der Abenteuerroman »Die Flusspiraten des Mississippi« wurde im Jahr 1848 veröffentlicht.

36. Antwort a) ist richtig. Er entdeckte die Viktoriafälle; die beiden anderen Wasserfälle befinden sich auf dem amerikanischen Kontinent.

37. Antwort c) ist richtig. Jede Bewegung kann eine Schlange zum Biss provozieren – blöd, wenn es sich um eine Giftschlange handeln sollte.

38. Antwort a) ist richtig. »Die Abenteuer des Tom Sawyer« stammen von Mark Twain (1835–1910), der eigentlich Samuel Clemens hieß.

39. Antwort c) ist richtig. Die Sonne »wandert« im Lauf des Tages – mit einer Sonnenuhr kannst du dir deshalb die ungefähre Zeit anzeigen lassen.

40. Antwort a) ist richtig. Die Affenfaust ist ein Knoten, mit dem früher in der Seefahrt das Ende einer Wurfleine beschwert wurde.

41. Antwort b) ist richtig. Der erste Mensch, der alle Berge mit über 8.000 m Höhe bestieg, ist der Italiener Reinhold Messner.

42. Antwort b) ist richtig. Die Rufnummer 112 wird auch als »Euronotruf« bezeichnet, weil sie in der gesamten Europäischen Union sowie weiteren Ländern gültig ist.

43. Antwort b) ist richtig. Die Zecke ist zwar nur ein winziges Spinnentier, kann dich aber mit gefährlichen Krankheitserregern infizieren.

44. Antwort a) ist richtig. »Das Dschungelbuch« ist eine Sammlung von Erzählungen und Gedichten. Unter anderem werden darin die Abenteuer des Findelkinds Mogli erzählt.

45. Antwort c) ist richtig. Am 14. Dezember 1911 erreichte Roald Amundsen mit vier Begleitern als erster Mensch den Südpol.

46. Antwort a) ist richtig. Mithilfe einer Kombination von kurzen und langen Signalen kannst du Morsezeichen übermitteln.

47. Antwort a) ist richtig. Mit einem Hobokocher, der auch aus einer Konservendose gebastelt werden kann, lassen sich im Freien Speisen kochen.

48. Antwort c) ist richtig. Mithilfe von Heringen wird ein Zelt im Boden befestigt.

49. Antwort b) ist richtig. Alexander von Humboldt war ein bedeutender deutscher Wissenschaftler, der von 1769–1859 lebte.

50. Antwort c) ist richtig. Jules Vernes Roman »Reise zum Mittelpunkt der Erde« ist 1864 erstmals erschienen.

51. Antwort a) ist richtig. Sir Edmund Hillary (1919–2008) bestieg den Mount Everest im Jahr 1953 zusammen mit seinem Gefährten Tenzing Norgay.

52. Antwort c) ist richtig. Der bekannte Film- und Romanheld ist Doktor der Archäologie. Sein erstes Abenteuer hieß »Jäger des verlorenen Schatzes«.

53. Antwort a) ist richtig. Als Symbol für einen Irrweg wird das Kreuz verwendet; das Dreieck bedeutet Gefahr, der Pfeil weist die Richtung.

54. Antwort b) ist richtig. Cirrocumulus ist eine Schäfchenwolke; Nimbostratus ist eine Regenwolke, Cumulonimbus eine Gewitterwolke.

55. Antwort c) ist richtig. »Ivanhoe« und zahlreiche weitere historische Romane wurden von Sir Walter Scott (1771–1832) verfasst.

Flotte Flitzer –
Seefahrt und Verkehr

1. Was stellt das amerikanische Unternehmen »Boeing« her?
   a) Schiffe
   b) Autos
   c) Flugzeuge

2. Worauf wird ein Autoreifen befestigt?
   a) Nabe
   b) Felge
   c) Speiche

3. Welcher Autohersteller ist für seine teuren Sportwagen bekannt?
   a) Porsche
   b) Opel
   c) Suzuki

4. In welchem Land gibt es das längste Autobahnnetz?
   a) China
   b) Deutschland
   c) USA

5. Wo auf einem Schiff befindet sich der Bug?
   a) vorn
   b) hinten
   c) seitlich

6. Wofür steht das »U« im Begriff U-Boot?
   a) Unterwasser
   b) Untersee
   c) Untertauch

7. Welches Flugzeug des Typs A380-800 kann bis zu
   853 Passagiere transportieren?
   a) Airlokomotive
   b) Airstraßenbahn
   c) Airbus

8. Wenn ein Flieger mit seinem Flugzeug am Himmel
   einen Kreis aufwärts zieht, nennt man das …?
   a) Looping
   b) Todesrad
   c) Salto

9. An einer Tankstelle findet man neben »Diesel« in jedem Fall auch...?
   a) Klasse
   b) Toll
   c) Super

10. Wo wurde im Jahr 1868 die erste Ampel der Welt aufgestellt?
    a) Rom
    b) London
    c) Lissabon

11. Wobei handelt es sich um ein »Luftschiff«?
    a) Draisine
    b) Dschunke
    c) Zeppelin

12. Welches Fahrzeug verfügt über ein »Schutzblech«?
    a) Fahrrad
    b) Motorboot
    c) Wohnmobil

13. Wenn sich an einer Kreuzung keine andere Regel findet, gilt...?
    a) Links vor rechts
    b) Oben vor unten
    c) Rechts vor links

14. Wie lautet ein anderes Wort für den Hubschrauber?
    a) Triceratops
    b) Velociraptor
    c) Helikopter

15. Wie wird ein Flugzeug genannt, das über zwei Tragflächen verfügt?
    a) Doppeldecker
    b) Zweiermaschine
    c) Zwillingsflugzeug

16. Wie nennt man die Stoffbespannung an der Innenseite eines Autodaches?
    a) Hut
    b) Mütze
    c) Himmel

17. Ein Auto, dessen Dach man öffnen kann, wird
    genannt...?
    a) Carport
    b) Cabrio
    c) Coupé

18. Was darf in keinem Auto fehlen?
    a) Warndreieck
    b) Warnviereck
    c) Warnfünfeck

19. Welches Boot verfügt über zwei Rümpfe?
    a) Katamaran
    b) Felucke
    c) Vaporetto

20. Wenn ein Flugzeug mit mehr als »Mach 1«
    fliegt, ...?
    a) durchbricht es die Schallmauer
    b) fliegt es schneller als der Wind
    c) erreicht es Lichtgeschwindigkeit

21. Womit kann man sich heutzutage anzeigen lassen, in welche Richtung man fahren muss, um an sein Ziel zu gelangen?
a) UKW-Empfänger
b) ALG-Empfänger
c) GPS-Empfänger

22. Welches Fahrzeug kann zu Lande und zu Wasser fahren?
a) Tretboot
b) Planierraupe
c) Amphibienfahrzeug

23. Aus welchem Land kommt die »Rikscha«?
a) Russland
b) Japan
c) Spanien

24. Das »Tandem« ist ein Fahrrad...?
a) mit Elektromotor
b) ohne Lenker
c) für zwei Personen

25. Wann wurde die erste Dampflokomotive gebaut?
    a) 1653
    b) 1804
    c) 1911

26. Was ist Lateinisch und heißt so viel wie »Für alle«?
    a) Automobil
    b) Mofa
    c) Omnibus

27. Wie lautet eine andere Bezeichnung für den Traktor?
    a) Nepper
    b) Schlepper
    c) Bauernfänger

28. Der Franzose André-Jacques Garnerin sprang im Jahr 1797 mit einem Fallschirm…?
    a) aus einem Ballon
    b) von einem Kirchturm
    c) von einem Berg

29. Welches berühmte Schiff sank am 15. April 1912?
    a) Queen Mary
    b) Bremen
    c) Titanic

30. Wie nennt man die linke Seite eines Schiffes in
    Fahrtrichtung?
    a) Backbord
    b) Heck
    c) Steuerbord

31. Ein anderes Wort für »Düsenflugzeug« lautet ...?
    a) Shuttle
    b) Rakete
    c) Jet

32. Wer erfand die Automobilmarke »Audi«?
    a) Friedrich Sieh
    b) August Horch
    c) Joseph Schmeck

33. Die Abkürzung »km/h« steht für »Kilometer pro...?
    a) Minute
    b) Stunde
    c) Tag

34. Was muss man zunächst machen, wenn man ein Auto fahren will?
    a) Führerschein
    b) Parkschein
    c) Fahrzeugschein

35. Wie nennt man ein unbemanntes Luftfahrzeug?
    a) Summ-summ
    b) Rocket
    c) Drohne

36. Welches Boot wurde von Naturvölkern hergestellt?
    a) Einbaum
    b) Einstein
    c) Eintopf

37. Seeleute messen die Geschwindigkeit ihres
Schiffes in …?
a) Knöpfen
b) Knoten
c) Knarren

38. Welche Abkürzung steht für »Personenkraftwagen«?
a) PKW
b) PVC
c) PDF

39. Wie heißt der »Luftsack«, der bei einem Autounfall aufgeblasen wird und die Insassen vor Ver-
letzungen schützen soll?
a) Airbag
b) Hardtop
c) Tempomat

40. In welcher Stadt gab es 1832 die erste Straßenbahn der Geschichte?
a) Prag
b) New York
c) Stockholm

41. Was kann man an einen Bagger montieren?
    a) Glas
    b) Schüssel
    c) Löffel

42. Ab welcher Flughöhe wird aus einer »Luftfahrt«
    eine »Raumfahrt«?
    a) 100 km
    b) 1 000 km
    c) 10 000 km

43. Wobei handelte es sich um ein Schiff, das durch
    Rudern fortbewegt wurde?
    a) Gaffelschoner
    b) Galeere
    c) Galeone

44. Das Unternehmen »Harley-Davidson« ist bekannt
    für seine ...?
    a) Flugzeuge
    b) Boote
    c) Motorräder

45. Welches Fortbewegungsmittel hat keine Räder?
    a) Golfmobil
    b) Mokick
    c) Sänfte

46. Das »BMX« ist ...?
    a) ein Fahrrad
    b) ein Flugzeug
    c) eine Automarke

47. Was versteht der Schweizer unter einem
    »Camion«?
    a) Segelschiff
    b) Lastkraftwagen
    c) Motorflugzeug

48. Was für eine Art Verkehrszeichen ist das Stopp-
    schild?
    a) Richtzeichen
    b) Gefahrzeichen
    c) Vorschriftszeichen

49. Wie lautet die Mehrzahl von »Taxi«?
   a) Taxis
   b) Taxiko
   c) Taxen

50. Aus welchem Land stammt die Automarke
   »Volvo«?
   a) Schweden
   b) Frankreich
   c) Italien

51. Wie heißt der Gruß der Ballonfahrer?
   a) Glück auf
   b) Glück unter
   c) Glück ab

52. Eine »Treidellokomotive« fährt entlang von ...?
   a) Wäldern
   b) Bergen
   c) Gewässern

53. Wie lautet eine andere Bezeichnung für Luftkissenfahrzeuge?
   a) Hydrobike
   b) Hovercraft
   c) Klipper

54. Der »Flugzeugträger« ist ein ...?
   a) Schiff
   b) Flugzeug
   c) Lastkraftwagen

55. Wie nennt man verlassene Schiffe, die hin und wieder auf See gefunden werden?
   a) Zombieschiffe
   b) Vampirschiffe
   c) Geisterschiffe

Lösungen zu »Flotte Flitzer – Seefahrt und Verkehr«

1. Antwort c) ist richtig. Das bereits im Jahr 1916 gegründete Unternehmen stellt Flugzeuge her.

2. Antwort b) ist richtig. Der Autoreifen wird auf einer Felge befestigt. Felgen bestehen entweder aus Stahl oder aus Leichtmetall.

3. Antwort a) ist richtig. Bekannt für seine Sportwagen ist das 1931 von Ferdinand Porsche gegründete Unternehmen »Porsche«.

4. Antwort c) ist richtig. In den USA gibt es mit mehr als 75.000 km das längste Autobahnnetz, China liegt auf Platz 2 der Rangliste, Deutschland auf Platz 3.

5. Antwort a) ist richtig. Als Bug bezeichnet man den vorderen Teil eines Schiffes; der hintere Teil ist das Heck.

6. Antwort b) ist richtig. Der Begriff U-Boot steht für »Unterseeboot«, also ein Boot, das sich unter dem Meeresspiegel fortbewegen kann.

7. Antwort c) ist richtig. Der erste Flug des Airbus A380-800 fand am 27. April 2005 statt.

8. Antwort a) ist richtig. Den ersten Looping flog am 27. August 1913 der russische Pilot Pjotr Nesterow.

9. Antwort c) ist richtig. Superbenzin – kurz: Super – ist ein Kraftstoff für den von Nicolaus August Otto entwickelten Ottomotor.

10. Antwort b) ist richtig. Die erste Ampel stellte man in London auf. Sie wurde allerdings mit Gas betrieben und explodierte nach kurzer Zeit.

11. Antwort c) ist richtig. Der nach seinem Erbauer Ferdinand Graf von Zeppelin benannte erste Zeppelin erhob sich am 2. Juli 1900 in die Lüfte.

12. Antwort a) ist richtig. Das Schutzblech soll verhindern, dass Wasser und Dreck von der Straße auf den Radfahrer spritzen.

13. Antwort c) ist richtig. Sofern ein Schild nichts anderes besagt, hat ein Fahrer, der von rechts kommt, Vorfahrt.

14. Antwort c) ist richtig. Hubschrauber und Helikopter sind ein und dasselbe. Triceratops und Velociraptor sind Dinosaurier.

15. Antwort a) ist richtig. Doppeldecker gab es vor allem in der Anfangszeit des Flugzeugbaus. Bereits seit den 1930er Jahren werden fast nur noch »Eindecker« hergestellt.

16. Antwort c) ist richtig. Die Stoffbespannung an der Innenseite eines Autodaches wird als Himmel bezeichnet.

17. Antwort b) ist richtig. Ein Auto, dessen Dach geöffnet werden kann, nennt man Cabrio oder Cabriolet.

18. Antwort a) ist richtig. Das Warndreieck wird bei einem Unfall oder einer Panne aufgestellt, um andere Verkehrsteilnehmer zu warnen.

19. Antwort a) ist richtig. Ein Katamaran verfügt über zwei Rümpfe. Diese sind fest miteinander verbunden.

20. Antwort a) ist richtig. Ein Flugzeug, das mit mehr als Mach 1 fliegt, fliegt schneller als der Schall, durchbricht also die »Schallmauer«.

21. Antwort c) ist richtig. Der GPS-Empfänger stellt eine Verbindung zu Satelliten in der Erdumlaufbahn her, was eine recht genaue Positionsbestimmung ermöglicht.

22. Antwort c) ist richtig. Mit einem Amphibienfahrzeug kann man sich sowohl zu Lande als auch im Wasser fortbewegen.

23. Antwort b) ist richtig. Das Wort kommt von »riki« (= Kraft) und »sha« (= Fahrzeug) – die ursprüngliche Rikscha wurde von Hand gezogen.

24. Antwort c) ist richtig. Auf einem Tandem können zwei Personen, die hintereinander sitzen, Fahrrad fahren.

25. Antwort b) ist richtig. Die erste Dampflokomotive, die auf Schienen fuhr, wurde 1804 vom Briten Richard Trevithick erbaut.

26. Antwort c) ist richtig. Omnibus bedeutet »Für alle«. In Österreich und der Schweiz trägt der Omnibus die Bezeichnung »Autobus«.

27. Antwort b) ist richtig. Traktoren werden oft »Schlepper« oder auch »Trecker« genannt.

28. Antwort a) ist richtig. Der Franzose stieg mit seinem Fallschirm in 400 m Höhe aus einem Ballon aus und landete vor einer applaudierenden Menschenmenge.

29. Antwort c) ist richtig. Am 15. April 1912 sank die Titanic. Sie kollidierte auf ihrer ersten Fahrt mit einem Eisberg.

30. Antwort a) ist richtig. Backbord ist die linke, Steuerbord die rechte Seite; als Heck bezeichnet man den hinteren Teil des Schiffes.

31. Antwort c) ist richtig. »Jet« und »Düsenflugzeug« haben die gleiche Bedeutung. Das englische Wort »to jet« steht für »ausstoßen«.

32. Antwort b) ist richtig. »Audi« wurde von August Horch gegründet. Das Wort kommt vom lateinischen »audi!«, das »höre!« – also: »horch!« – bedeutet.

33. Antwort b) ist richtig. Die Abkürzung km/h steht für »Kilometer pro Stunde«. Es handelt sich um eine Maßeinheit für die Geschwindigkeit.

34. Antwort a) ist richtig. Damit man Auto fahren darf, macht man zunächst in einer Fahrschule den Führerschein.

35. Antwort c) ist richtig. Drohnen sind unbemannte Luftfahrzeuge, die vor allem für Erkundungsflüge eingesetzt werden.

36. Antwort a) ist richtig. Der Rumpf eines Einbaums wird aus einem einzigen Baumstamm gefertigt.

37. Antwort b) ist richtig. Der »Knoten« entspricht einer Geschwindigkeit von einer Seemeile oder 1,852 km pro Stunde.

38. Antwort a) ist richtig. Personenkraftwagen wird »PKW« abgekürzt. Mit diesem Begriff werden Autos bezeichnet.

39. Antwort a) ist richtig. Airbags gehören zur Sicherheitsausstattung moderner Autos. Sie erhöhen die Chance, einen Unfall zu überleben, um rund 30 Prozent.

40. Antwort b) ist richtig. Die New Yorker Straßenbahn wurde damals noch von Pferden gezogen.

41. Antwort c) ist richtig. Bagger lassen sich mit verschiedenen Löffeln ausstatten, beispielsweise Hochlöffel, Schwenklöffel, Backenbrecherlöffel usw.

42. Antwort a) ist richtig. Die »Grenze« zwischen Erde und Weltraum befindet sich in 100 km Höhe.

43. Antwort b) ist richtig. Die Galeere war ein Kriegsschiff, das häufig Sklaven oder Sträflinge durch Rudern fortbewegen mussten.

44. Antwort c) ist richtig. Das Unternehmen Harley-Davidson stellt Motorräder her. Es wurde 1903 in den USA gegründet.

45. Antwort c) ist richtig. Eine Sänfte wird von Menschen oder Tieren getragen.

46. Antwort a) ist richtig. BMX steht für »Bicycle MotoCross« – ein Geländefahrrad.

47. Antwort b) ist richtig. Als Camion bezeichnet man in der Schweiz einen Lastkraftwagen (LKW).

48. Antwort c) ist richtig. Es handelt sich um ein Vorschriftszeichen. Vorschriftszeichen sprechen Verbote oder Gebote für den Straßenverkehr aus.

49. Antwort a) ist richtig. Ein Taxi – zwei Taxis. »Taxen« ist die Mehrzahl von »Taxe«. »Taxiko« ist kompletter Unfug.

50. Antwort a) ist richtig. Das Unternehmen Volvo wurde 1915 in Schweden gegründet.

51. Antwort c) ist richtig. Ballonfahrer wünschen sich »Glück ab und gut Land«.

52. Antwort c) ist richtig. Die Treidellokomotive fährt entlang von Gewässern. Sie dient dazu, Wasserfahrzeuge zu ziehen (»treideln«).

53. Antwort b) ist richtig. »Hovercraft« ist die englische, aber auch hierzulande gängige Bezeichnung für ein Luftkissenfahrzeug.

54. Antwort a) ist richtig. Der Flugzeugträger ist ein großes Schiff, auf dem Militärflugzeuge starten und landen können.

55. Antwort c) ist richtig. Ein berühmtes Geisterschiff war die »Mary Celeste«, die 1872 ohne Besatzung und Passagiere auf dem Meer trieb.

Voll der Kick! –
Sport und Freizeit

1. Um welchen Sport dreht es sich bei der »Tour de France«?
   a) Wintersport
   b) Leichtathletik
   c) Radsport

2. In welchem Sport gibt es den »Caddie«?
   a) Tennis
   b) Polo
   c) Golf

3. Wie viele Mannschaften spielen in der Fußball-bundesliga um den Titel »Deutscher Fußball-meister«?
   a) 18
   b) 30
   c) 100

4. Aus welchem Land kommt der Kampfsport »Karate«?
   a) Russland
   b) Japan
   c) Argentinien

5. In welcher Sportart gibt es eine »Loipe«?
   a) Skilanglauf
   b) Eishockey
   c) Rodeln

6. Welches Land ist Gastgeber der Fußballweltmeisterschaft 2010?
   a) Südafrika
   b) Kanada
   c) Italien

7. In welchem Jahr wurden die ersten Olympischen
   Spiele der Neuzeit veranstaltet?
   a) 1896
   b) 1954
   c) 1990

8. In welchem Sport feierte der Deutsche Boris
   Becker große Erfolge?
   a) Handball
   b) Schwimmen
   c) Tennis

9. Gib die Antwort, ohne nachzuschauen: Wie viele Felder hat ein Schachbrett?
   a) 25
   b) 64
   c) 100

10. In welchem Sport gibt es »Boliden«?
   a) Formel-1
   b) Reiten
   c) Segeln

11. Welchen Sport betreiben die Brüder Vitali und Wladimir Klitschko äußerst erfolgreich?
   a) Volleyball
   b) Radsport
   c) Boxen

12. Welche Sportart wird zu Pferde betrieben?
   a) Bowling
   b) Polo
   c) Curling

13. Mit einem Gummiseil befestigt, in die Tiefe springen – wie nennt man diese Freizeit-beschäftigung?
a) Bebop-Alua
b) Bungee-Jumping
c) Boogie-Woogie

14. Wie viele Ringe zeigt die Olympische Flagge?
a) 2
b) 5
c) 10

15. Pelé, der als einer der besten Fußballspieler aller Zeiten gilt, ist …?
a) Argentinier
b) Italiener
c) Brasilianer

16. Wobei handelt es sich um eine Fechtwaffe?
a) Florett
b) Korsett
c) Spinett

187

17. Was wird mit einem ovalen Ball gespielt?
    a) Basketball
    b) Baseball
    c) American Football

18. Zu einem Biathlon gehören die Disziplinen
    Skilanglauf und ...?
    a) Schießen
    b) Kugelstoßen
    c) Speerwurf

19. Eine Fußballmannschaft bezeichnet man
    manchmal auch als ...?
    a) Sieben
    b) Elf
    c) Neunzehn

20. Was bedeutet das Wort »Mountainbike«?
    a) Waldfahrrad
    b) Straßenfahrrad
    c) Bergfahrrad

21. Wie groß ist der Basketballspieler Dirk Nowitzki?
    a) 188 cm
    b) 199 cm
    c) 213 cm

22. Eine Skisport-Disziplin trägt den Namen
    »Super-...«?
    a) A
    b) G
    c) M

23. Bei Tennis zählt man 15, 30 ...?
    a) 40
    b) 45
    c) 60

24. In welchem Jahr gab es die erste Fußballwelt-
    meisterschaft der Geschichte?
    a) 1904
    b) 1930
    c) 1966

25. Wie nennt man es, wenn Sportler mit unerlaubten Substanzen versuchen, ihre Leistung zu steigern?
   a) Doping
   b) Bodybuilding
   c) Walking

26. Welchen Schwimmstil gibt es wirklich?
   a) Kreuzspinne
   b) Marienkäfer
   c) Schmetterling

27. Wenn einem Fußballspieler vom Schiedsrichter die »Rote Karte« gezeigt wird, muss er ...?
   a) ausgewechselt werden
   b) den Platz verlassen
   c) 20 Liegestütze machen

28. Wie lang etwa ist die Strecke beim Marathonlauf?
   a) 10 km
   b) 42 km
   c) 74 km

29. In welchem Sport konnte der Deutsche Michael Schumacher sieben Weltmeistertitel erringen?
    a) Reiten
    b) Radsport
    c) Formel-1

30. Wobei handelt es sich um eine japanische Form des Ringkampfs?
    a) Sago
    b) Sumo
    c) Sido

31. Als die deutsche Nationalmannschaft 1954 überraschend die Fußballweltmeisterschaft gewann, sprach man vom »Wunder von …«?
    a) Oslo
    b) Budapest
    c) Bern

32. Welche Medaille erhält der Drittplatzierte bei einem Olympischen Wettbewerb?
    a) Bronzemedaille
    b) Kupfermedaille
    c) Eisenmedaille

33. Eine Mannschaft welcher Ballsportart besteht aus nur zwei Spielern?
    a) Basketball
    b) Handball
    c) Beachvolleyball

34. Welche Stadt ist Austragungsort der Olympischen Sommerspiele 2012?
    a) Athen
    b) London
    c) Peking

35. Welche Frau war von 1995–2007 Weltmeisterin im Frauenboxen?
    a) Katarina Wilhelm
    b) Regina Halmich
    c) Birgit Prinz

36. In Deutschland nennt man es »Fußballbundesliga«, in Italien ...?
    a) Serie A
    b) Ligue 1
    c) Premier League

37. Bei welchem Spiel kommt ein »Puck« zum Einsatz?
    a) Tennis
    b) Baseball
    c) Eishockey

38. Woher stammt die Kampfsportart »Taekwondo«?
    a) Korea
    b) Indien
    c) Japan

39. Wobei handelt es sich um den Weltfußball-
    verband?
    a) UEFA
    b) DFB
    c) FIFA

40. Wie viele Kegel gilt es beim Kegeln mithilfe einer
    Kugel umzuwerfen?
    a) drei
    b) sechs
    c) neun

41. Innerhalb welcher Zeit muss ein Boxer wieder kampfbereit sein, um seinem Gegner keinen »K.-O.-Sieg« zu bescheren?
a) 1 Sekunde
b) 10 Sekunden
c) 30 Sekunden

42. Für welchen Sport benötigt man keine Schläger?
a) Rugby
b) Badminton
c) Squash

43. Wobei handelt es sich um eine Figur im Eiskunstlauf?
a) Richard
b) Klaus
c) Axel

44. Mit welcher Fußballnationalmannschaft wurde Diego Maradona 1986 Weltmeister?
a) Argentinien
b) Spanien
c) Italien

194

45. Der Inder Viswanathan Anand verteidigte 2008 seinen Weltmeister-Titel im ...?
   a) Monopoly
   b) Schach
   c) Mensch, ärgere dich nicht

46. Eine ehemalige deutsche Tennisspielerin heißt Steffi ...?
   a) Herzog
   b) Graf
   c) König

47. Wobei handelt es sich um eine Gewichtsklasse beim Boxen?
   a) Flohgewicht
   b) Raupengewicht
   c) Fliegengewicht

48. Aus wie vielen Feldspielern besteht eine Basketball-Mannschaft?
   a) fünf
   b) acht
   c) zehn

49. In welchem Sport wird »voltigiert«?
    a) Reiten
    b) Golf
    c) Formel-1

50. Wie nennt man eine Wettfahrt zu Wasser?
    a) Jolle
    b) Takelage
    c) Regatta

51. Ein bekannter deutscher Fußballspieler heißt
    Bastian...?
    a) Schweinsteiger
    b) Schafkletterer
    c) Ziegenkraxler

52. Welche Veranstaltung wird vom »IOC« organisiert?
    a) Leichtathletik-Weltmeisterschaft
    b) Olympische Spiele
    c) Tour de France

53. In welcher Stadt gibt es einen Sportverein, der »Grasshoppers« heißt?
    a) Zürich
    b) München
    c) Graz

54. Was folgt im Fußball auf ein Tor?
    a) Abstoß
    b) Freistoß
    c) Anstoß

55. Was für ein Landsmann ist Michael Phelps, der bislang erfolgreichste Sportler in der Geschichte der Olympischen Spiele?
    a) Österreicher
    b) Belgier
    c) US-Amerikaner

Lösungen zu »Voll der Kick! –
Sport und Freizeit«

1. Antwort c) ist richtig. Die Tour de France ist das berühmteste Radrennen der Welt. Es gibt diese Tour durch Frankreich bereits seit 1903.

2. Antwort c) ist richtig. Der Caddie trägt bei einem Golfspiel die Schlägertasche und tritt manchmal dem Spieler gegenüber als Berater auf.

3. Antwort a) ist richtig. In der Fußballbundesliga spielen 18 Mannschaften um den Meistertitel. Erster Deutscher Fußballmeister wurde 1963/64 der 1. FC Köln.

4. Antwort b) ist richtig. Karate ist eine japanische Kampfkunst. Das Wort bedeutet so viel wie »leere Hand«.

198

5. Antwort a) ist richtig. Für den Skilanglauf werden Spurrillen in den Schnee gedrückt – der Langläufer kann sich auf dieser »Loipe« leichter fortbewegen.

6. Antwort a) ist richtig. Austragungsland der Fußballweltmeisterschaft 2010 ist Südafrika.

7. Antwort a) ist richtig. Die ersten Olympischen Spiele der Neuzeit gab es 1896 in der griechischen Hauptstadt Athen.

8. Antwort c) ist richtig. Der am 22. November 1967 geborene Boris Becker war in seiner aktiven Zeit ein echtes Tennisass.

9. Antwort b) ist richtig. Ein Schachbrett hat 64 Felder – 32 weiße und 32 schwarze.

10. Antwort a) ist richtig. Als Bolide bezeichnet man einen leistungsstarken Rennwagen.

11. Antwort c) ist richtig. Die Klitschko-Brüder sind Boxer; man nennt sie auch »Dr. Eisenfaust« und »Dr. Steelhammer«.

12. Antwort b) ist richtig. Polo ist eine Ballsportart, bei der zwei Mannschaften mit jeweils vier reitenden Spielern gegeneinander antreten.

13. Antwort b) ist richtig. Beim Bungee-Jumping springt man von Bauwerken oder Kränen – ein Gummiseil verhindert, dass man auf dem Boden aufschlägt.

14. Antwort b) ist richtig. Die Olympische Flagge zeigt fünf Ringe, welche die fünf Kontinente symbolisieren sollen.

15. Antwort c) ist richtig. Pelé wurde am 23. Oktober 1940 in Brasilien geboren. Mit 17 wurde er erstmals Fußballweltmeister.

16. Antwort a) ist richtig. Neben Degen und Säbel werden Wettkämpfe im Sportfechten auch mit dem Florett ausgetragen.

17. Antwort c) ist richtig. Ovale Bälle kommen beim American Football zum Einsatz, einer Ballsportart aus den Vereinigten Staaten von Amerika.

18. Antwort a) ist richtig. Der Biathlon besteht aus den Disziplinen Skilanglauf und Schießen.

19. Antwort b) ist richtig. Eine Fußballmannschaft wird auch »Elf« genannt, da sie aus elf Spielern besteht.

20. Antwort c) ist richtig. »Mountainbike« ist Englisch und bedeutet »Bergfahrrad«.

21. Antwort c) ist richtig. Der am 19. Juni 1978 in Würzburg geborene Basketballspieler Dirk Nowitzki ist 213 cm groß.

22. Antwort b) ist richtig. Super-G steht für »Super Giant Slalom« – »Super-Riesenslalom«.

23. Antwort a) ist richtig. Eine ungewöhnliche Zählweise: Beim Tennis kommt nach 15 und 30 die 40.

24. Antwort b) ist richtig. Die erste Fußballweltmeisterschaft wurde vom 13.–30. Juli 1930 in Uruguay ausgetragen.

25. Antwort a) ist richtig. Doping gibt es leider in vielen Sportarten, beispielsweise im Radsport und in der Leichtathletik.

26. Antwort c) ist richtig. Der Schmetterling-Stil wird manchmal auch als Delfin-Stil bezeichnet.

27. Antwort b) ist richtig. Während die »Gelbe Karte« lediglich eine Verwarnung darstellt, bedeutet die »Rote Karte« den Platzverweis.

28. Antwort b) ist richtig. Eine Marathonstrecke ist exakt 42,195 km lang.

29. Antwort c) ist richtig. Der am 3. Januar 1969 in Hürth-Hermülheim geborene Michael Schumacher errang sieben Weltmeistertitel in der Formel-1.

30. Antwort b) ist richtig. Das Sumo wird erstmals im Jahr 712 in der japanischen Schrift Kojiki erwähnt.

31. Antwort c) ist richtig. Die deutsche Nationalmannschaft gewann in Bern das Endspiel der Fuß-
ball-WM mit 3:2 gegen Ungarn.

32. Antwort a) ist richtig. Der Erste bekommt eine
Goldmedaille, der Zweite eine Silbermedaille, der
Dritte eine Bronzemedaille.

33. Antwort c) ist richtig. Beim Beachvolleyball ste-
hen sich zwei Mannschaften mit je zwei Spielern
auf einem Spielfeld aus Sand gegenüber.

34. Antwort b) ist richtig. Austragungsort der Olympischen Sommerspiele 2012 ist London; in Peking
haben sie bereits 2008, in Athen 2004 stattgefun-
den.

35. Antwort b) ist richtig. Die am 22. November 1976
in Karlsruhe geborene Boxerin war als Weltmeisterin ungeschlagen.

36. Antwort a) ist richtig. Die »Serie A« gibt es in Italien, die »Ligue 1« in Frankreich und die »Premier
League« in England.

37. Antwort c) ist richtig. Als Puck bezeichnet man eine Scheibe aus Hartgummi, welche beim Eishockey als »Ball« verwendet wird.

38. Antwort a) ist richtig. Taekwondo stammt aus Korea. Das Wort setzt sich aus »Tae« (Fuß), »Kwon« (Faust) und »Do« (Weg) zusammen.

39. Antwort c) ist richtig. Die FIFA ist der Weltfußballverband, die UEFA der europäische Fußballverband; DFB ist die Abkürzung für »Deutscher Fußballbund«.

40. Antwort c) ist richtig. Beim Kegeln werden neun Kegel aufgestellt, die mit einer Kugel umzuwerfen sind.

41. Antwort b) ist richtig. Der Boxer hat zehn Sekunden Zeit, um wieder kampfbereit zu werden.

42. Antwort a) ist richtig. Rugby ist ein Ballsport, bei dem der Ball mit den Händen geworfen oder mit den Füßen getreten wird.

43. Antwort c) ist richtig. Der »Axel« gilt als einer der schwersten Sprünge im Eiskunstlauf. Er wurde nach dem norwegischen Eiskunstläufer Axel Paulsen benannt.

44. Antwort a) ist richtig. Der am 30. Oktober 1960 geborene Maradona wurde mit seiner Mannschaft 1986 argentinischer Fußballweltmeister.

45. Antwort b) ist richtig. Der am 11. Dezember 1969 geborene Viswanathan Anand ist ein Schachprofi.

46. Antwort b) ist richtig. Stefanie (»Steffi«) Maria Graf wurde am 14. Juni 1969 in Mannheim geboren.

47. Antwort c) ist richtig. Ein »Fliegengewicht« im Profiboxsport darf rund 50,8 kg wiegen.

48. Antwort a) ist richtig. Die Basketball-Mannschaft hat fünf Feldspieler sowie bis zu sieben Auswechselspieler.

49. Antwort a) ist richtig. Beim Voltigieren werden auf einem Pferd akrobatische Übungen ausgeführt.

50. Antwort c) ist richtig. Regatten gibt es im Segeln, Rudern sowie in anderen Wassersportarten.

51. Antwort a) ist richtig. Bastian Schweinsteiger wurde am 1. August 1984 in der bayerischen Stadt Kolbermoor geboren.

52. Antwort b) ist richtig. IOC bzw. IOK steht für »Internationales Olympisches Komitee«.

53. Antwort a) ist richtig. Der Grasshopper Club Zürich wurde bereits im Jahr 1886 gegründet.

54. Antwort c) ist richtig. Auf ein Tor folgt ein Anstoß vom Mittelkreis des Spielfeldes.

55. Antwort c) ist richtig. Der am 30. Juni 1985 geborene Michael Phelps ist ein US-amerikanischer Schwimmer.

Und wenn sie nicht gestorben sind … – Märchen und Sagen

1. Wie lange schläft »Dornröschen« im gleichnamigen Märchen der Brüder Grimm?
a) 99 Jahre
b) 100 Jahre
c) 1 000 Jahre

2. Hans Christian Andersen war ein Märchendichter
aus ...?
a) Dänemark
b) Österreich
c) Norwegen

3. Die »Bremer Stadtmusikanten« setzen sich
zusammen aus Hahn, Katze, Hund und ...?
a) Pferd
b) Schwein
c) Esel

4. Wer verfasste einen Roman über die Sagenfigur
»Krabat«?
a) Cornelia Funke .
b) Otfried Preußler
c) Michael Ende

5. In welchem Land spielt die Sage rund um König Artus?
   a) Norwegen
   b) Polen
   c) England

6. Auf welcher Hülsenfrucht schläft die Prinzessin in einem Märchen von Hans Christian Andersen?
   a) Erbse
   b) Linse
   c) Bohne

7. Ein Märchen der Brüder Grimm trägt den Titel »Hans im ...«?
   a) Bad
   b) Klassenzimmer
   c) Glück

8. Von wem stammt das Märchen »Der Zwerg Nase«?
   a) Wilhelm Hauff
   b) Clemens Brentano
   c) Ludwig Tieck

9. In welchem Gebirge lebt die Sagengestalt »Rübezahl«?
a) Riesengebirge
b) Fichtelgebirge
c) Erzgebirge

10. Was verschenkt das Mädchen in »Die Sterntaler«
zuerst?
a) Rock
b) Brot
c) Mütze

11. Wobei handelt es sich um ein »Märchen aus 1001
Nacht«?
a) Das Märchen vom Schlaraffenland
b) Aladin und die Wunderlampe
c) Der Räuberbräutigam

12. Was holt der »Froschkönig« für die Prinzessin aus
dem Brunnen?
a) Kugel
b) Haarspange
c) Spindel

13. Bei wem handelt es sich um eine griechische
    Göttin?
    a) Adidas
    b) Puma
    c) Nike

14. Ein bekanntes Märchen von Hans Christian
    Andersen heißt »Das kleine Mädchen mit …«?
    a) dem Feuerzeug
    b) den Schwefelhölzern
    c) den Feuersteinen

15. In was kann der Lappen im Märchen »Der Geist im
    Glas« Metalle verwandeln?
    a) Gold
    b) Diamanten
    c) Silber

16. »Hänsel und Gretel« sind die Kinder eines
    armen …?
    a) Holzfällers
    b) Zimmermanns
    c) Schneiders

17. Wie hießen die Brüder Grimm mit Vornamen?
    a) Karl und Friedrich
    b) Jacob und Wilhelm
    c) Ernst und Ludwig

18. Mit wie vielen Räubern legt sich die Märchenfigur
    »Ali Baba« an?
    a) 13
    b) 40
    c) 1 001

19. Welcher Salat wird manchmal wie ein bekanntes
    Märchen genannt?
    a) Kopfsalat
    b) Eisbergsalat
    c) Feldsalat

20. Womit begeht die böse Königin ihren dritten
    Mordversuch an »Schneewittchen«?
    a) Kamm
    b) Apfel
    c) Schnürriemen

21. Aus welchem Land stammt das Märchen rund um »Hans und die Bohnenranke«?
   a) England
   b) Österreich
   c) Spanien

22. Wer ist ein Held der »Nibelungensage«?
   a) Siegfried
   b) Justus
   c) Kasimir

23. Wo begegnet »Rotkäppchen« erstmals dem bösen Wolf?
   a) im Dorf
   b) im Wald
   c) bei der Großmutter

24. Als welches Tier entpuppt sich »Das hässliche Entlein« im gleichnamigen Märchen?
   a) Möwe
   b) Adler
   c) Schwan

25. Wer erzählt die »Märchen aus 1001 Nacht«?
    a) Scheherazade
    b) Zulaikha
    c) Fatimah

26. Wo versteckt sich das jüngste Geißlein im Märchen »Der Wolf und die sieben jungen Geißlein«?
    a) Schrank
    b) Waschschüssel
    c) Uhrkasten

27. Wie nennt man ein Märchen in England?
    a) Short Story
    b) Fairy Tale
    c) Love Poem

28. Was für ein Tier ist die russische Märchenfigur »Bajun«?
    a) Esel
    b) Maus
    c) Kater

29. Wer unternimmt in den »Märchen aus 1001
Nacht« sieben Reisen?
a) Sindbad
b) Duschbad
c) Freibad

30. Wer schrieb das Märchen »Der kleine Häwelmann«?
a) Peter Rosegger
b) Johanna Spyri
c) Theodor Storm

31. Wie heißt ein altrömischer Kriegsgott?
a) Twix
b) Snickers
c) Mars

32. Eine bekannte Sage handelt vom »Rattenfänger
von …«?
a) Hameln
b) Hamburg
c) Hanau

33. Was kommt im Märchen »Tischlein deck dich« vor?
   a) Goldene Gans
   b) Goldesel
   c) Goldei

34. »Die Schöne und das Biest« ist ein Märchen aus...?
   a) Griechenland
   b) China
   c) Frankreich

35. »Der gestiefelte Kater« verfügt über eine besondere Fähigkeit – er kann...?
   a) fliegen
   b) sprechen
   c) zaubern

36. Ein deutscher Märchensammler hieß Johann Karl August...?
   a) Musikus
   b) Museum
   c) Musäus

37. Was spielt im Märchen »Der kleine Muck« eine große Rolle?
    a) Pantoffeln
    b) Socken
    c) Handschuhe

38. »Schneeweißchen und Rosenrot« aus dem gleichnamigen Märchen sind ...?
    a) Bruder und Schwester
    b) Schwestern
    c) Brüder

39. Welche Märchenfigur nennt man in England »Cinderella«?
    a) Dornröschen
    b) Rotkäppchen
    c) Aschenputtel

40. Was passiert, wenn »Frau Holle« ihre Betten ausschüttelt?
    a) es schneit
    b) es regnet Pech
    c) es regnet Gold

41. In welchem Märchen kommt die Zeile vor »Heute back' ich, morgen brau' ich«?
    a) Hurleburlebutz
    b) Rumpelstilzchen
    c) Allerleirauh

42. Woraus bestehen die Fenster des Hexenhauses im Märchen »Hänsel und Gretel«?
    a) Zucker
    b) Sahne
    c) Butter

43. Bekannte Märchenfiguren aus England sind »Die drei kleinen…«?
    a) Entchen
    b) Kätzchen
    c) Schweinchen

44. Was ist das Besondere am Kaiser in »Des Kaisers neue Kleider«?
    a) er ist nackt
    b) er ist ein Riese
    c) er ist sehr schön

45. Wo ist die »Baba Jaga« eine bekannte Märchenfigur?
a) Osteuropa
b) Südamerika
c) Westafrika

46. Wobei handelt es sich um den römischen Gott des
Meeres?
a) Merkur
b) Jupiter
c) Neptun

47. Wer soll einer Sage zufolge im Inneren des
Kyffhäuser-Berges schlafen?
a) Friedrich Barbarossa
b) Johann Ohneland
c) Richard Löwenherz

48. Wie viele Stiefschwestern hat »Aschenputtel«?
a) eine
b) zwei
c) drei

49. Bei welcher Figur handelt es sich um eine Meer-
    jungfrau?
    a) Ilsebill
    b) Jorinde
    c) Undine

50. Die Brüder Grimm erzählen in ihrer Mär-
    chensammlung auch Abenteuer rund um »Die
    sieben ...«?
    a) Schwaben
    b) Sachsen
    c) Franken

51. Welche Märchenfigur heißt in Italien »Tremo-
    tino«?
    a) Dornröschen
    b) Rotkäppchen
    c) Rumpelstilzchen

52. Wobei handelt es sich um eine nordische Sagen-
    gestalt?
    a) Muse
    b) Troll
    c) Zentaur

53. Welche Märchenfigur erhält ihren Namen aufgrund eines markanten Kinns?
a) Oll Rinkrank
b) Meister Pfriem
c) König Drosselbart

54. In wen verliebt sich »Der standhafte Zinnsoldat« im gleichnamigen Märchen von Hans Christian Andersen?
a) Tänzerin
b) Pilotin
c) Köchin

55. Was befragt die böse Königin in »Schneewittchen«, wer die Schönste im Land sei?
a) Kristallkugel
b) Spiegel
c) Pendel

Lösungen zu »Und wenn sie nicht gestorben sind ... – Märchen und Sagen«

1. Antwort b) ist richtig. Dornröschen fällt in einen hundertjährigen Schlaf, nachdem sie sich mit einer verhexten Spindel gestochen hat.

2. Antwort a) ist richtig. Hans Christian Andersen (1805–1875) wurde in der dänischen Stadt Odense geboren.

3. Antwort c) ist richtig. Der Esel ist derjenige, der den Vorschlag macht, Stadtmusikanten in Bremen zu werden.

4. Antwort b) ist richtig. Der 1971 erschienene Roman »Krabat« stammt von Otfried Preußler.

5. Antwort c) ist richtig. König Artus und seine »Ritter der Tafelrunde« sollen der Sage nach in England gelebt haben.

6. Antwort a) ist richtig. »Die Prinzessin auf der Erbse« spürt eine Erbse durch 20 Matratzen und 20 Decken hindurch.

7. Antwort c) ist richtig. »Hans im Glück« tauscht über mehrere Ecken sein Gold gegen zwei schwere Steine – er ist glücklich, als er diese wieder loswird.

8. Antwort a) ist richtig. Wilhelm Hauff erzählte das Märchen im »Märchen-Almanach auf das Jahr 1827 für Söhne und Töchter gebildeter Stände«.

9. Antwort a) ist richtig. Rübezahl ist ein Berggeist im Riesengebirge, das zwischen Polen und Tschechien liegt.

10. Antwort b) ist richtig. Das Mädchen verschenkt als Erstes ihr Stückchen Brot an einen armen Mann.

11. Antwort b) ist richtig. »Aladin und die Wunderlampe« stammt aus der orientalischen Märchensammlung »Tausendundeine Nacht«.

12. Antwort a) ist richtig. Der Frosch holt eine goldene Kugel aus dem Brunnen – am Ende des Märchens verwandelt er sich in einen Prinzen.

13. Antwort c) ist richtig. Nike ist der Name der griechischen Siegesgöttin.

14. Antwort b) ist richtig. Es handelt sich um ein sehr trauriges Märchen, in dem ein Mädchen ein Schwefelholz nach dem anderen anzündet – bis es erfriert.

15. Antwort c) ist richtig. Der Lappen kann Metalle in Silber verwandeln und außerdem Wunden heilen.

16. Antwort a) ist richtig. Der Holzfäller lässt seine Kinder Hänsel und Gretel nach der Arbeit allein im Wald zurück.

17. Antwort b) ist richtig. Die Brüder Grimm hießen Jacob (1785–1863) und Wilhelm (1786–1859).

18. Antwort b) ist richtig. »Ali Baba und die 40 Räuber« ist ein »Märchen aus 1 001 Nacht«.

19. Antwort c) ist richtig. Der Feldsalat wird manchmal als »Rapunzel« bezeichnet.

20. Antwort b) ist richtig. Die böse Königin versucht, Schneewittchen mit einem vergifteten Apfel zu töten – fast mit Erfolg.

21. Antwort a) ist richtig. »Hans und die Bohnenranke« heißt im Original »Jack and the Beanstalk« und stammt aus England.

22. Antwort a) ist richtig. Siegfried gelingt es in der Nibelungensage, einen Drachen zu töten.

23. Antwort b) ist richtig. Rotkäppchen begegnet dem Wolf zunächst im Wald und lässt sich von diesem in ein Gespräch verwickeln.

24. Antwort c) ist richtig. »Das hässliche Entlein«, von den anderen Tieren verspottet, entwickelt sich zu einem schönen Schwan.

25. Antwort a) ist richtig. Scheherazade erzählt die Märchen ihrem Mann, dem König, um nicht von ihm getötet zu werden.

26. Antwort c) ist richtig. Der Uhrkasten ist das einzige Versteck, das der böse Wolf nicht entdeckt.

27. Antwort b) ist richtig. Wörtlich übersetzt ist die englische »Fairy Tale« eine »Feengeschichte«.

28. Antwort c) ist richtig. Bajun ist ein riesiger Kater mit magischen Kräften.

29. Antwort a) ist richtig. »Sindbad der Seefahrer« unternimmt sieben Reisen. Er erzählt die erlebten Abenteuer einem anderen Mann, der ebenfalls Sindbad heißt.

30. Antwort c) ist richtig. »Der kleine Häwelmann« stammt vom deutschen Schriftsteller Theodor Storm.

31. Antwort c) ist richtig. Der altrömische Kriegsgott heißt Mars. Der »rote Planet« in unserem Sonnensystem wurde nach ihm benannt.

32. Antwort a) ist richtig. Ein Rattenfänger führt in der Sage die Kinder aus dem Ort Hameln und ver-

schwindet mit ihnen. Eine ähnliche Sage kennt die österreichische Stadt Korneuburg.

33. Antwort b) ist richtig. Der vollständige Titel des Märchens lautet »Tischlein deck dich, Goldesel und Knüppel aus dem Sack«.

34. Antwort c) ist richtig. »Die Schöne und das Biest« ist ein Märchen aus Frankreich. Disney hat daraus 1991 einen Zeichentrickfilm gemacht.

35. Antwort b) ist richtig. »Der gestiefelte Kater« kann sprechen. Im Verlauf des Märchens verhilft er einem Müllerssohn zur Hochzeit mit einer Prinzessin.

36. Antwort c) ist richtig. Johann Karl August Musäus (1735–1787) veröffentlichte unter anderem die Sammlung »Volksmärchen der Deutschen«.

37. Antwort a) ist richtig. »Der kleine Muck« verfügt über Pantoffeln, mit denen er sehr schnell laufen und sogar fliegen kann.

38. Antwort b) ist richtig. Es handelt sich um zwei Schwestern, die den roten und weißen Rosen in ihrem Garten ähneln.

39. Antwort c) ist richtig. In England heißt das Aschenputtel »Cinderella«, in Frankreich »Cendrillon« und in Russland »Soluschka«.

40. Antwort a) ist richtig. Das Ausschütteln der Betten von Frau Holle bewirkt, dass es auf der Erde schneit.

41. Antwort b) ist richtig. Rumpelstilzchen singt: »Heute back' ich, morgen brau' ich, übermorgen hol' ich mir der Königin ihr Kind.«

42. Antwort a) ist richtig. Das Hexenhaus ist aus Brot gebaut, mit Kuchen gedeckt, und die Fenster bestehen aus Zucker.

43. Antwort c) ist richtig. »Die drei kleinen Schweinchen« werden in dem Märchen von einem Wolf bedroht, der versucht, ihre Häuser umzupusten.

44. Antwort a) ist richtig. Der Kaiser geht Betrügern auf den Leim und wandelt splitternackt durch die Menschenmenge.

45. Antwort a) ist richtig. Die »Baba Jaga« ist in Osteuropa eine Art Hexe.

46. Antwort c) ist richtig. Neptun war bei den alten Römern der Gott des Meeres, der Pferde und der Erdbeben. Bei den alten Griechen hieß er Poseidon.

47. Antwort a) ist richtig. Friedrich Barbarossa war im 12. Jahrhundert Kaiser des »Heiligen Römischen Reiches«.

48. Antwort b) ist richtig. Aschenputtel hat zwei Stiefschwestern, die ihr das Leben schwer machen.

49. Antwort c) ist richtig. Der Name Undine leitet sich vom lateinischen Wort »unda« für »Welle« her.

50. Antwort a) ist richtig. »Die sieben Schwaben« bei den Brüdern Grimm heißen Herr Schulz, Jackli, Marli, Jergli, Michal, Hans und Veitli.

51. Antwort c) ist richtig. Der italienische Name von Rumpelstilzchen ist »Tremotino«, in England heißt es »Rumpelstiltskin«.

52. Antwort b) ist richtig. Trolle sind in der nordischen Mythologie Zauberwesen, die meist nichts Gutes im Schilde führen.

53. Antwort c) ist richtig. Eine zickige Prinzessin verspottet den um sie werbenden »König Drosselbart«, er habe ein Kinn wie eine Drossel.

54. Antwort a) ist richtig. »Der standhafte Zinnsoldat« verliebt sich in eine Tänzerin – wobei es sich allerdings um eine Puppe aus Papier handelt.

55. Antwort b) ist richtig. Der Spruch der bösen Königin lautet: »Spieglein, Spieglein an der Wand – wer ist die Schönste im ganzen Land?«

Gute Idee! – Erfindungen und Entdeckungen

1. Seit welchem Jahr gibt es die Internet-Such-
   maschine »Google«?
   a) 1983
   b) 1998
   c) 2005

2. Bei welcher Erfindung diente eine Pflanze als
   Vorbild?
   a) Schnürsenkel
   b) Druckknopf
   c) Klettverschluss

3. Wodurch wird »Solarenergie« gewonnen?
   a) Sonnenstrahlen
   b) Windkraft
   c) Erdwärme

4. Welches Medikament entdeckte der Schotte
   Alexander Fleming im Jahr 1928?
   a) Hustensaft
   b) Penicillin
   c) Fieberzäpfchen

5. Welches Volk gilt als Erfinder des Porzellans?
   a) Chinesen
   b) Ägypter
   c) Griechen

6. In welchem Jahrhundert konnte man sich erstmals über ein Telefon miteinander verständigen?
   a) 18. Jahrhundert
   b) 19. Jahrhundert
   c) 20. Jahrhundert

7. Welches Schreibgerät erfand ein Ungar namens Bíró?
   a) Kugelschreiber
   b) Bleistift
   c) Füllfederhalter

8. Wer war der erste Mensch im Weltall?
   a) Neil Armstrong
   b) Yang Liwei
   c) Juri Gagarin

9. In welchem Land wurde das MP3-Format entwickelt?
   a) Japan
   b) Deutschland
   c) USA

10. In welchem Jahr wurde erstmals eine Rolltreppe betrieben?
    a) 1895
    b) 1926
    c) 1967

11. Wer gilt als Erfinder des Blitzableiters?
    a) Thomas Jefferson
    b) John Adams
    c) Benjamin Franklin

12. Beton wird gemischt aus Gesteinskörnern, Wasser und …?
    a) Mörtel
    b) Zement
    c) Gips

13. In welchem Jahr wurde der Mikrowellenherd
    erfunden?
    a) 1945
    b) 1966
    c) 1981

14. Wofür steht die Abkürzung »GPS«?
    a) Good Point Search
    b) Greenwich Pole Sender
    c) Global Positioning System

15. Was ist ein »Nürnberger Ei«?
    a) Taschenuhr
    b) Dampfauto
    c) Kochtopf

16. Alfred Nobel, der Erfinder des Dynamits,
    war ein …?
    a) Schweizer
    b) Ire
    c) Schwede

17. Welches Gerät wurde im Jahr 1834 erstmals hergestellt?
    a) Elektroherd
    b) Kühlschrank
    c) Waschmaschine

18. Wo werden »Gezeitenkraftwerke« aufgebaut?
    a) im Meer
    b) im Inneren von Bergen
    c) in der Wüste

19. Aus welchem Jahr stammt die erste Fotografie der Menschheitsgeschichte?
    a) 1488
    b) 1679
    c) 1826

20. Wofür steht das erste »D« in der Abkürzung »DVD«?
    a) Deep
    b) Digital
    c) Disc

21. Wer entdeckte das Gesetz der Schwerkraft?
    a) Archimedes
    b) Albert Einstein
    c) Isaac Newton

22. Wie alt war der Franzose Louis Braille, als er seine
    heute noch verwendete Blindenschrift entwickelt
    hatte?
    a) 16
    b) 53
    c) 98

23. Schokolade gibt es schon lange, doch ursprünglich
    wurde sie getrunken. Die ersten Schokoladentafeln
    gab es ...?
    a) Ende des 18. Jahrhunderts
    b) Mitte des 19. Jahrhunderts
    c) Anfang des 20. Jahrhunderts

24. Wann kam erstmals eine »Antibabypille« auf den
    Markt?
    a) 1930
    b) 1960
    c) 1990

25. Wobei handelt es sich um einen tragbaren Computer?
a) Modem
b) Webcam
c) Laptop

26. Wie hieß Johannes Gutenberg, der Erfinder der Druckerpresse, eigentlich?
a) Gensfleisch
b) Rindfleisch
c) Hammelfleisch

27. Hierzulande messen wir die Temperatur in Grad Celsius, die US-Amerikaner messen sie hingegen in Grad…?
a) Ohm
b) Dezibel
c) Fahrenheit

28. Das »Grammofon« war ein Vorläufer…?
a) des Plattenspielers
b) der Küchenwaage
c) des Telefons

238

29. Wer hat die Batterie erfunden?
    a) Bernardo Akku
    b) Paolo Strom
    c) Alessandro Volta

30. In welchem Jahr konnte man erstmals Webseiten
    im »World Wide Web« abrufen?
    a) 1959
    b) 1975
    c) 1993

31. Unter welchem Namen ist das Medikament »ASS«
    bekannter?
    a) Carotin
    b) Aspirin
    c) Ascorbin

32. Wo nahm im Jahr 1954 das erste Kernkraftwerk
    seinen Betrieb auf?
    a) Frankreich
    b) Russland
    c) Kanada

33. Wo findet man ein »Dewargefäß«?
    a) Gießkanne
    b) Ölkanne
    c) Isolierkanne

34. Wann wurde erstmals ein Satellit in die
    Erdumlaufbahn gebracht?
    a) 1957
    b) 1969
    c) 1982

35. Beim »Pasteurisieren« werden Lebensmittel und
    andere Stoffe ...?
    a) verdampft
    b) gekühlt
    c) erhitzt

36. Was wurde in der Antike anstelle von Papier zum
    Beschreiben verwendet?
    a) Marmor
    b) Papyrus
    c) Aluminium

37. Wie lautet eine andere Bezeichnung für die
    »Kontaktlinse«?
    a) Haftschale
    b) Arrestteller
    c) Knastschüssel

38. Unserem »kopernikanischen Weltbild« zufolge
    bewegen sich die …?
    a) Sterne um die Erde
    b) Planeten um die Erde
    c) Planeten um die Sonne

39. Wer gilt als Erfinder des modernen Computers?
    a) Robert Bosch
    b) Konrad Zuse
    c) Werner von Siemens

40. Wo auf der Welt gab es erstmals Papiergeld?
    a) China
    b) Schweiz
    c) Ägypten

41. Wann wurde die erste Fernsehsendung ausgestrahlt?
    a) 1928
    b) 1950
    c) 1964

42. Welches Gas wird seit 1844 als Narkosemittel eingesetzt?
    a) Grinsegas
    b) Lachgas
    c) Kichergas

43. Bei welcher Erfindung können Texte mithilfe eines Codes über weite Strecken übertragen werden?
    a) Telegrafie
    b) Telemachie
    c) Telepathie

44. »Sea Troll« heißt die weltweit größte ...?
    a) Unterwasserstadt
    b) Motorjacht
    c) Bohrinsel

45. Wer war der erste Kaugummi-Fabrikant der Welt?
    a) John Curtis Jackson
    b) Chewing Gum
    c) Hubb A. Bubba

46. Welche Uhr wurde im Jahr 1946 erstmals
    vorgestellt?
    a) Armbanduhr
    b) Atomuhr
    c) Kirchturmuhr

47. Welches Volk erfand die Zahl »Null«, wie wir sie
    heute kennen?
    a) Ägypter
    b) Römer
    c) Inder

48. Mit welcher Mission der NASA gelang 1969 die
    erste bemannte Mondlandung?
    a) Pioneer 2
    b) Ranger 6
    c) Apollo 11

49. In welchem Jahr wurde das weltweit erste Foto-handy auf den Markt gebracht?
a) 1987
b) 1999
c) 2008

50. Ein »Dynamo« verwandelt Bewegungsenergie in ...?
a) Strom
b) Butter
c) Wind

51. In welchem Land entstand 1969 der Vorläufer des »Internet«?
a) Österreich
b) Finnland
c) USA

52. Welches Metall wird heutzutage für Glühlampen verwendet?
a) Berthold
b) Wolfram
c) Kunibert

53. Wer baute 1886 das erste Benzinauto?
    a) Louis Renault
    b) Ferdinand Porsche
    c) Carl Benz

54. Das erste »Computerspiel« wurde 1958 entwickelt,
    es hieß ...?
    a) Tennis for Two
    b) Fußball for Eleven
    c) Basketball for Five

55. In welchem Jahr konnte man erstmals einen Film
    anschauen?
    a) 1860
    b) 1894
    c) 1907

245

Lösungen zu »Gute Idee! – Erfindungen und Entdeckungen«

1. Antwort b) ist richtig. Google wurde 1998 von Larry Page und Sergei Brin ins Leben gerufen.

2. Antwort c) ist richtig. Den Klettverschluss haben wir der Klette zu verdanken – sie brachte den Schweizer Georges de Mistral auf die Idee zu seiner Erfindung.

3. Antwort a) ist richtig. Solarenergie wird durch Sonnenstrahlen gewonnen. Sie kann durch Solarzellen in Strom umgewandelt werden.

4. Antwort b) ist richtig. Alexander Fleming entdeckte das Penicillin, ein sogenanntes Antibiotikum.

5. Antwort a) ist richtig. Die Chinesen haben Porzellan bereits im siebten Jahrhundert hergestellt; einem Europäer gelang dies erst 1708.

6. Antwort b) ist richtig. Die ersten Telefone gab es im 19. Jahrhundert. Als einer von mehreren Erfindern des Telefons gilt der Deutsche Philipp Reis (1834–1874).

7. Antwort a) ist richtig. László József Bíró (1899–1985) hat den Kugelschreiber erfunden. In Großbritannien und Italien werden Kugelschreiber heute noch »Biro« genannt.

8. Antwort c) ist richtig. Der erste Mensch im Weltall war der Russe Juri Alexejewitsch Gagarin (1934–1968).

9. Antwort b) ist richtig. Das MP3-Format, das für Musikdateien verwendet wird, ist eine deutsche Erfindung.

10. Antwort a) ist richtig. Die erste Rolltreppe kam 1895 in einem amerikanischen Vergnügungspark zum Einsatz.

11. Antwort c) ist richtig. Der Blitzableiter wurde im Jahr 1752 von Benjamin Franklin erfunden.

12. Antwort b) ist richtig. Zement ist ein Pulver, das erhärtet, wenn es mit Wasser vermischt wird.

13. Antwort a) ist richtig. Der Mikrowellenherd wurde 1945 vom Amerikaner Percy Spencer erfunden. Er entdeckte in diesem Jahr, dass man mit Mikrowellen Speisen erhitzen kann.

14. Antwort c) ist richtig. GPS steht für »Global Positioning System« – das bedeutet so viel wie »weltweites System zur Positionsbestimmung«.

15. Antwort a) ist richtig. Die Nürnberger Eier zählten zu den ersten Taschenuhren, die im 16. Jahrhundert aufkamen.

16. Antwort c) ist richtig. Alfred Nobel war ein Schwede. Er stiftete den Nobelpreis, der noch heute in Schweden verliehen wird.

17. Antwort b) ist richtig. 1834 wurde vom Amerikaner Jacob Perkins der erste Kühlschrank gebaut.

18. Antwort a) ist richtig. Gezeitenkraftwerke erzeugen Strom durch den Wechsel von Ebbe und Flut – der Gezeiten.

19. Antwort c) ist richtig. Die erste Fotografie überhaupt wurde im Jahr 1826 vom Franzosen Joseph Nicéphore Nièspce angefertigt.

20. Antwort b) ist richtig. Die Abkürzung »DVD« steht für »Digital Versatile Disc«, was so viel bedeutet wie »vielseitige digitale Scheibe«.

21. Antwort c) ist richtig. Das Gesetz der Schwerkraft wurde von Isaac Newton entdeckt – angeblich als ihm ein Apfel auf den Kopf fiel.

22. Antwort a) ist richtig. Louis Braille (1809–1852) war selbst blind. Bereits als Teenager erfand er die »Brailleschrift«, welche Buchstaben durch Punktmuster darstellt.

23. Antwort b) ist richtig. Die ersten Schokoladentafeln wurden Mitte des 19. Jahrhunderts von der englischen Firma J. S. Fry & Sons hergestellt.

24. Antwort b) ist richtig. Seit ihrer Einführung 1960 ist die »Antibabypille« das wichtigste Mittel, um eine ungewollte Schwangerschaft zu verhüten.

25. Antwort c) ist richtig. Der »Laptop« ist ein Computer, den man sich auf den Schoß (englisch: »lap«) stellen kann.

26. Antwort a) ist richtig. Johannes Gutenberg wurde im Jahr 1400 als Johannes Gensfleisch in Mainz geboren. Er starb 1468.

27. Antwort c) ist richtig. Während 0 Grad Celsius den Gefrierpunkt von Wasser beschreibt, stellen 0 Grad Fahrenheit die tiefste Temperatur im Danzig des Winters 1708/09 dar.

28. Antwort a) ist richtig. Das Grammofon diente dazu, Schallplatten abzuspielen, die Ende des 19. Jahrhunderts aufkamen.

29. Antwort c) ist richtig. Die Erfindung der Batterie geht auf Alessandro Giuseppe Antonio Anastasio Graf von Volta zurück, der von 1745–1827 lebte.

30. Antwort c) ist richtig. Das World Wide Web (= »weltweites Gewebe«) wurde am 30. April 1993 für die allgemeine Nutzung freigegeben.

31. Antwort b) ist richtig. Die Abkürzung »ASS« steht übrigens für »Acetylsalicylsäure«. Diese Säure wurde ursprünglich aus dem Saft von Weidenrinden gewonnen.

32. Antwort b) ist richtig. Das erste Kernkraftwerk wurde 1954 in der russischen Wissenschaftsstadt Obninsk in Betrieb genommen.

33. Antwort c) ist richtig. Das »Dewargefäß« ist häufiger Bestandteil von Isolierkannen. Es wurde 1892 von James Dewar erfunden.

34. Antwort a) ist richtig. Der erste Satellit war im Oktober 1957 »Sputnik 1«. Sputnik ist das russische Wort für »Begleiter«.

35. Antwort c) ist richtig. Beim Pasteurisieren werden Stoffe kurzzeitig erhitzt, um Mikroorganismen abzutöten. Dieses Verfahren geht auf den Franzosen Louis Pasteur (1822–1895) zurück.

36. Antwort b) ist richtig. Papyrus wurde aus der Papyruspflanze hergestellt. Vom Papyrus hat das Papier seinen Namen.

37. Antwort a) ist richtig. Bereits 1636 hatte der französische Philosoph René Descartes die Idee, statt einer Brille Linsen zur Korrektur einer Fehlsichtigkeit direkt ins Auge einzusetzen.

38. Antwort c) ist richtig. Dass sich die Erde wie die anderen Planeten um die Sonne bewegt, wusste man teilweise schon in der Antike.

39. Antwort b) ist richtig. Die 1941 von Konrad Zuse (1910–1995) gebaute »Z3« gilt als erster funktionsfähiger Computer.

40. Antwort a) ist richtig. Das erste Papiergeld der Menschheitsgeschichte gab es in China, wohl bereits in der ersten Hälfte des elften Jahrhunderts.

41. Antwort a) ist richtig. Die erste Fernsehübertragung gab es im Jahr 1928 – damals noch in Schwarzweiß.

42. Antwort b) ist richtig. Der Zahnarzt Horace Wells, der 1844 erstmals Lachgas zur Betäubung seiner Patienten einsetzte, gilt als Entdecker der modernen Narkose.

43. Antwort a) ist richtig. Bis zum Ende des 18. Jahrhunderts wurden wichtige Botschaften mit einem Postreiter auf den Weg gebracht; nach und nach kam dann die Telegrafie auf.

44. Antwort c) ist richtig. Die »Sea Troll« ist eine norwegische Bohrinsel. Sie wurde in der Nordsee errichtet, um Erdgas zu fördern.

45. Antwort a) ist richtig. Der erste Kaugummi-Fabrikant der Welt war 1848 ein amerikanischer Seemann namens John Curtis Jackson.

46. Antwort b) ist richtig. Atomuhren sind die genauesten Uhren der Welt. Für die Zeitmessung kommen kleinste Teilchen, die Atome, zum Einsatz.

47. Antwort c) ist richtig. Die noch heute verwendete »Null« ist eine indische Erfindung.

48. Antwort c) ist richtig. Die erste bemannte Mondlandung gelang am 20. Juli 1969 mit der »Apollo 11«-Mission. Die bis dato letzte bemannte Mondlandung gab es übrigens 1972.

49. Antwort b) ist richtig. Das erste Fotohandy gab es 1999 und hieß »Toshiba Camesse«.

50. Antwort a) ist richtig. Das dem Dynamo zugrunde liegende Prinzip wurde 1831 vom Engländer Michael Faraday entdeckt, der von 1791–1867 lebte.

51. Antwort c) ist richtig. Das 1969 entstandene »Arpanet« war ein Projekt des US-amerikanischen Verteidigungsministeriums.

52. Antwort b) ist richtig. Wolfram schmilzt erst bei rund 3.400 Grad Celsius und ist für Glühlampen deshalb bestens geeignet.

53. Antwort c) ist richtig. Das erste Benzinauto von Carl Benz hatte allerdings nur drei Räder.

54. Antwort a) ist richtig. Das Spiel wurde »Tennis for Two« genannt – »Tennis für zwei«. Als Bildschirm diente ein sogenanntes Oszilloskop.

55. Antwort b) ist richtig. Gegen Bezahlung konnte man damals eine Art »Daumenkino« in einem Guckkasten betrachten.

Carola Henke
Mein Sammelsurium
Spaßwissen für Kinder

160 Seiten   ISBN 978-3-570-21925-6

Wie wehrt man sich gegen einen Hai? Welche Eissorte schlemmen Japaner am liebsten? Und wieso versteht der Brite des Deutschen »Handy« nicht? Randvoll mit kuriosen Fakten, schrägen Rekorden und populären Irrtümern tummelt sich hier Wissen, das selten gebraucht wird, aber umso mehr Spaß macht. Klasse zum Schmökern, prima zum Angeben, mit Daumenkino.

5367

www.omnibus-verlag.de